Leo Karrer

Glaube, der reift

Leo Karrer

Glaube, der reift

Spiritualität im Alter

Mit Gedichten von Maria-Christina Fernández

HERDER

FREIBURG · BASEL · WIEN

Umschlaggestaltung: Finken & Bumiller, Stuttgart
Satz: Barbara Herrmann, Freiburg im Breisgau
Herstellung: CPI books GmbH, Leck

Printed in Germany
ISBN Print 978-3-451-37617-7
ISBN E-Book (PDF) 978-3-451-81617-8

Gewidmet

der großen Freude meines Alters

den Enkelinnen

Athina, Talia, Maïsha, Estelle und Gemma

Inhalt

III.
Werden im Diesseits von Raum und Zeit

IV.
Älterwerden: Werden in Hoffnung

V.
Die gute Nachricht: Jesus Christus

VI.
Plädoyer für Alterskulturen – durch und für ältere Menschen

VII.
»Wandle vor mir und werde ganz« (Gen 17,1)

Vorwort

In den letzten Jahren wurde ich zu Tagungen mit den Verantwortlichen der Seniorenseelsorge der Bistümer in Deutschland, Österreich und Südtirol als Referent eingeladen. Thema: »Älterwerden ist auch Werden.« Dabei machte ich die Erfahrung, dass es mir nicht möglich war, eine abgerundete Theorie zu vertreten, weil ich mich selbst existentiell mitten drin im Prozess des Alterns befinde. Das Thema erzeugt eine enorme atmosphärische Dichte. Wie objektive Distanz gewinnen, wenn man subjektiv selber betroffen ist und seinen Weg sucht? Aus den Erfahrungen und Anregungen, die ich bei diesen Konferenzen in Osnabrück und St. Pölten gewann, ist dieser Versuch »Glaube, der reift. Spiritualität im Alter« entstanden. Und während des Ringens um die Darstellung dieses Werdeprozesses spürte ich intensiv, wie das Thema mich zusehends vereinnahmte und zum persönlichen »Durchlauferhitzer« wurde. Das allein schon ist menschlicher Gewinn. Das führt und verführt dazu, dass man sich wiederholt, weil man diese Prozesse immer wieder neu von verschiedenen Blickpunkten aus angeht.

Im Grunde genommen ging es um den Versuch, die persönliche Rechenschaft über den christlichen Glauben in meiner Publikation »Glaube, der das Leben liebt« (Herder 2014) im Prozess des Älterwerdens existentiell zu »verorten« und als konkrete Erfahrung zu stammeln.

Bei diesem Wagnis empfinde ich es als großen Gewinn, dass Maria-Christina Fernández, Juristin und Sopran (Wettingen AG) einige ihrer so vielen Gedichte für den Grundakkord dieses Buches beigetragen hat. Sie verbindet mit einer sensiblen Sprache und mit vielschichtigen Bildern die Wirklichkeit mit Zuversicht sowie das Dunkel mit Licht. Man muss diese Gedichte mehrmals lesen; dann entdeckt man ihre tiefe Melodie: Die Fragen erwachen zur Verheißung.

Meine Spurensuche hätte ohne die vielen Menschen, mit denen ich unterwegs sein durfte und darf, nicht ihre Sprache gefunden und die wesentlichen Themen hinter all den vordergründigen Themen des Alltags. So empfinde ich viel Dankbarkeit jenen gegenüber, mit denen ich im gemeinsamen Anliegen unterwegs sein darf. Vor allem danke ich meiner Frau Maria Karrer-Leuker für ihre kritische Begleitung und für das engagierte Mitlesen, vor allem aber dafür, dass ich den Weg mit ihr gemeinsam gehen darf.

Ein besonderer Dank gilt Frau Bernadette Schacher, die nicht nur das Manuskript sachkundig betreut hat, sondern auch konzeptionell geschätzte Gesprächspartnerin ist.

Meiner Schwester und ihrem Mann, Ida und Josef Hey-Karrer (Glattburg ZH) bin ich dankbar für das große Interesse am Thema und für das Gegenlesen der Entwürfe. Für wertvolle Impulse bei dieser Spurensuche darf ich Brigitte Helbling (Altendorf SZ), Regula Würth (St. Gallen) und Wolf Südbeck-Baur, Redaktor von Aufbruch, danken, aber ebenso unserem Gesprächskreis in Fribourg, dem meine Frau und ich seit über 30 Jahren angehören: Pfr. Winfried Bächler, Ines Haselbach, Carola Marsch, Angelika Piek, Marie-Theres und Georges Perler.

Herrn Dr. Stephan Weber danke ich für die erfreuliche Zusammenarbeit und für seine editorischen Impulse.

Fribourg, 10. April 2017   Leo Karrer

I.
Älterwerden ist auch Werden

1. Erster Augenschein: Eine Offerte von Martin Walser

Mit persönlicher Bereicherung habe ich mir die Novelle von Martin Walser »Mein Jenseits« (Berlin 2011) mehrmals zu Gemüte geführt. – Dabei sind es zwei Themen, die mir nicht aus dem Sinn gehen und zum Diskurs mit dem Autor von »Mein Jenseits« reizen und einladen: Das Diesseits in Zeit und Raum und dann die Frage nach dem Altern. Ist es nicht auch ein Werden in der Welt des Diesseits? Bei genauerem Hinsehen sind beide Themen miteinander engstens verwoben (vgl. Leo Karrer, Mein Jenseits – im Diesseits, Älterwerden ist auch Werden; in: Michael Felder [Hrsg.], Mein Jenseits. Gespräche über Martin Walsers »Mein Jenseits«; Berlin 2012, 201–220).

Das Älterwerden wird von Martin Walser in »Mein Jenseits« gleich zu Beginn intoniert: »Je älter man wird, desto mehr empfiehlt es sich, darauf zu achten, wie man auf andere wirkt. Ich bin dreiundsechzig. Südlich der Donau sagt man zum Beispiel: Der und der wird auch allmählich komisch. Das merken alle, wissen alle, nur der, der allmählich komisch wird, merkt es nicht ...« (11). – Dies gilt meines Erachtens nicht nur zwischen Donau und Bodensee, sondern auch südlich von Rhein und Bodensee im Schatten der schweizerischen Alpen. Und wenn im weiteren Verlauf von »Mein Jenseits« von den Skurrilitäten und Verschrobenheiten der Älterwerdenden die Rede ist, dann spricht Martin Walser vom »Extra-Menschenrecht für Älterwerdende« (17). – Mit dieser Beobachtung verbindet Martin Walser einen verschmitzten Trick, wie man sich der Realität des Alterns scheinbar entziehen könnte: »Ich weiß, dass ich Unmögliches vorhabe. Ich bin dreiundsechzig. Seit längerem. Ich werde nie älter sein als dreiundsechzig. Ich sage jetzt nicht, seit wie vielen Jahren ich schon dreiundsechzig bin. Ich sage nur, dass ich mit dreiundsechzig aufgehört habe zu zählen ... Ich glaube nicht an Zahlen« (18f). – Natürlich schmunzelt man zuerst. Wer glaubt schon an Zahlen, außer es ginge vielleicht um Geld. Aber die Schlitzohrigkeit solchen Verhaltens zur Wirklichkeit trägt wohl kaum, wenn die Fragen kommen und die Lebensfragen auf Antwort drängen. – Es erinnert mich etwas an den »Forever 27 Club«, dem die Rock-Musiker Brian Jones, Jimi Hendrix u. a. angehörten, die nur 27 Jahre alt geworden sind, wie zum Beispiel die vor wenigen Jahren verstorbene bekannte britische Sängerin Amy Winehouse.

Ist das Alter so idyllisch, dass der Ernst dieser Lebensphase mit solch burlesken Sprüchen schon ausgeschöpft wäre? Vor einiger Zeit hatte ich eine Begegnung mit einem inzwischen verstorbenen Freund und hochverdienten Kollegen, der mir in einem langen Gespräch mitteilte, dass er vor Kurzem die Diagnose »Alzheimer« erhalten habe. Im weiteren Verlauf der Begegnung kam der Satz, den ich in gesunden Tagen wohl kaum vergessen werde: »Leo, ich weiß nicht, ob ich dir wünschen soll, alt zu werden.« Ich aber stehe mitten drin – im Älterwerden. Und ich werde nicht nur älter, ich bin alt. Was ist dieser Lebensprozess, der wie jede Altersphase seine eigenen Gesetze, Wege, Chancen und Tücken, sagen wir mit Martin Walser seine »Extra-Menschenrechte« kennt? Humorige Schönfärberei hilft wenig. Jeder menschliche Lebensprozess ist ein individueller Sonderfall. Und jedes Leben und jede Lebensphase sind nicht als Provisorien zu verstehen, sind nicht nur Übungsplätze oder Generalproben in einem ewigen Kreislauf von Wiedergeburten, sondern je einmalig Ernstfall und Ur-Aufführung. Man kann nicht zur Probe leben, lieben und alt werden.

Bevor wir uns auf die unübersichtliche Weite und auf die existentielle Tiefe unserer Fragestellung einlassen, soll ein subjektiver Zugang gewagt werden. Der Lebenslauf ist ja selten so geradlinig, wie ihn die Rückschau oder Wunschdenken leicht begradigen. Er mäandert vielmehr mit seinen Talschlingen und Wasserläufen. Warum das Wagnis eingehen, Älterwerden zu verstehen? Man kann es ja doch nicht verhindern. Also besser verdrängen?

2. Und persönlich? – Mitten drin!

Persönlich fühle ich mich im Übergang von der dritten zur vierten Lebensphase, um es im fachlichen Jargon auszudrücken. Es ist eine Phase intensiver Achtsamkeit für das Geschenkte im Leben und für die erlebnismäßigen Schübe im Loslassen und Nachlassen der Kräfte und der geistigen Mobilität. Man erlebt die aufmerksame Wahrnehmung der eigenen Biographie und der Lebenswege anderer, der wachsenden Entschiedenheit zum persönlichen Lifestyle und der zum Teil schmunzelnden Gelassenheit demgegenüber, was man nicht ändern kann und was man gerne versöhnter erlebt oder intensiver gelebt hätte. Man sollte auch »aufräumen« und »in Ordnung bringen«, auch im Arbeitszimmer. Ich bin schon seit Jahren dran (und meine Enkelkinder bieten mir immer wieder ihre Hilfe an).

Aber die Grundstimmung ist Dankbarkeit d. h. die Freude über all das Geschenkte im Leben. Und ich hoffe, dies auch morgen noch sagen zu können. Zudem überrascht es mich, dass die Neugier und das Interesse vorerst gar nicht abnehmen, obwohl man begriffsstutziger wird. Man genießt die gewonnene Zeit für Begegnungen, für die Enkelkinder, für Lesen und Musik. Im Moment beschäftigt mich ein großes Interesse an der Evolution mit ihren Fragen und Perspektiven, woraus neue Freundschaften entstanden sind (Carlo von Ah, Quantensprung und rechter Glaube. Suche nach der letzten Wahrheit, München 2016). Und man ist von sich selbst überrascht und muss natürlich auch über sich lachen und schmunzeln.

Und was ich meine zu beobachten: Man wird so etwas wie Objekt der Geschichte. Selbst wenn man sich noch fit erlebt, im Spiegel der Umwelt gehört man schon längst zu den Alten, zumal die mediale Welt Leistung, Erfolg, Sportlichkeit und Jugendlichkeit betont. Das merkt man auch bei Tagungen und in Beiräten: Die unterschiedlichen Mentalitäten, Einschätzungen und Interessenlagen bezeugen ein massives Generationengefälle. Dabei beobachte ich viele großartige junge Leute, an denen man Freude hat und die in Zukunft wohl »ebenso gut« das Leben gestalten werden, wie wir es früher versuchten. Besonders deutlich und bereichernd, aber auch erlebnis- und konfliktreich erlebt man dies mit der Jugend im eigenen Familienverband und im beruflichen Umfeld. Aber – wie man sagt – es ist eine andere und eine neue Zeit. Und sie hat es immer eiliger. »Objekt« der Geschichte wird man auch, wenn man zum Beispiel von der Universität München zu einem Vortrag zum Konzilsjubiläum eingeladen wird und zwar als damaliger »Zeitzeuge«. 50 Jahre sind seit dem Konzil verflossen. Zeitzeuge wird man doch eher für die Nachwelt. »Seine Zeit« ist sozusagen vorbei, passé. Man verwahrt die Vergangenheit. Die Fragen stellen sich immer mehr: Wie war es damals? Und interessiert das noch in der Gegenwart? Was ist noch relevant? Wie vermittelt man die früheren Erfahrungen der heutigen Jugend? Ich glaube, wir im Seniorenalter sollten zuerst Brückenbauer zwischen den Generationen sein, nicht verbohrte Verteidiger von Brückenpfeilern aus alten Tagen . Es darf nicht zum rückwärts orientierten Rückzug kommen. Und im Phantomschmerz der Ewiggestrigen (auch in der Kirche, wenn die Tradition zur Repetition des schon immer Gewussten verführt) erkenne ich keinen schöpferischen Umgang mit der Vergangenheit. Es geht nach Maßgabe der Kraft um eine schöpferische und aufbauende Erinnerung. Denn die Lebensprozesse von damals sind ja unter veränderten Bedingungen durchaus auch Erfahrungen und Ernstfall in der aktuellen Gegenwart.

Im nachberuflichen Umfeld erlebe ich, dass wir nicht mehr zu den Stoßtrupps in die Zukunft gehören, aber zu jenen, die den Anliegen von gestern auch heute noch treu bleiben können oder möchten und unbeirrbar für die großen Visionen von Menschsein unter den Augen Gottes Freude, Dankbarkeit, Staunen, Humor, aber auch Ernst und Unverdrossenheit empfinden. Man schreitet nicht mehr voraus, sondern wird eher mitgenommen. Immer mehr wird mir bewusst, wie privilegiert ich dadurch bin, dass ich – angefangen bei meinen Eltern, in der Partnerschaft mit meiner Frau und mit der engeren und weiteren Familie und mit vielen Menschen im freundschaftlichen und beruflichen Umfeld – unterwegs sein durfte und darf.

Es erfüllt mich mit großer Dankbarkeit, dass mir durch die konkrete Kirche Zugänge zur einmaligen Botschaft Jesu geschenkt worden sind und dass ich auch in dieser oft allzu menschlichen Kirche Menschen begegnen durfte, die zu kennen einfach dankbar macht. Und vieles war auch lustig und mit Humor bepackt, der etwas Abstand gewinnen lässt. Wir haben nicht nur gekämpft, sondern auch viel gelacht. Das wäre eine eigene Geschichte. Und vieles ist nicht nur eine Frage der Einsicht, sondern auch der körperlichen Kraft und der seelischen Energien. Manchmal denke ich, die Kraft von früher und die Freiheit von heute ... das wäre eine tolle Mischung, vielleicht auch ein feuergefährliches Chaos. Warum nicht? Auch im Chaos bahnen sich Lösungen einen Weg und das Gefühl für Spurensuche.

Und noch etwas: Die Fragen um Sterben und Tod haben mich immer in unterschiedlichen Lebenssituationen beschäftigt. Jetzt jedoch naht die Zeit, auch wenn ich mich noch gerne auf Jahre einstelle, in der bewusster wird: Wir sind die Generation, »die jetzt dran ist«. Man spricht ja nicht von jungen Tagen und alten Jahren, sondern von jungen Jahren und alten Tagen. Diese Wortwendung hat es in sich. Aber die existentiellen Fragen und Herausforderungen sind näher gekommen. Manche Illusionen und Wichtigtuereien werden entthront; es wechseln und wandeln sich Perspektiven und Ansichten; und es wird einem die Bekehrung zugemutet, nicht mehr alles zu müssen, sondern »nur noch« zu dürfen. Wie ist das Altern als Werden zu verstehen? Ist es nur ein Abstellgleis oder eine neue Lebenschance?

3. Impressionen, keine abgerundete Theorie

Vielleicht ist eine subjektive Erfahrung aufschlussreich, dass die Fragen um Altern und Lebensphasen (wie zum Beispiel auch die Jugend) nicht in einer perfekten Theorie abschließend zu behandeln sind, sondern erfahrungsorientiert. Als ich in den letzten Jahren die Einladungen zu Vorträgen über das Älterwerden bei Tagungen der Verantwortlichen für die kirchliche Seniorenpastoral in Deutschland und in Österreich erhielt – im Vorwort erwähnt –, sagte ich begeistert zu. Aber mir gelang bei der Vorbereitung kein gedankliches System, das das Thema logisch und abgerundet präsentiert hätte. Es ließ sich durch keine abgesicherte Theorie bändigen und abschließend in Griff bekommen.

Es gelangen nur »Impressionen« und sozusagen Gedankenspiele und Ahnungen. Ich stand existentiell selber dem Thema zu nahe, sodass mir keine »denkerische« Distanz gelang. Dies wurde für mich zu einer Lehre, sich den Fragen zu stellen, ohne ihrer total habhaft werden zu können: »Denn Stückwerk ist unser Erkennen ...« (1 Kor 13,9). Natürlich verführen dann Bilder und Metaphern leicht zur Ungenauigkeit. Sie können trotzdem hilfreich sein bei der Kompass-Suche nach den Werten des Lebens und der Orientierung für die Lebensprozesse. Wir leben ja oft aus einer entlegenen Tiefe, die wir zuerst nur als Ahnung oder als Antennen des Gemütes zulassen und wahrnehmen. Es ist eine stets neu zu wagende Balance zwischen Bewusstem und Unbewusstem und zwischen Fremdbestimmung von außen und Selbstbestimmung von innen. So geht es auch mit dem, was wir Lebenserfahrungen nennen. Im Jetzt und beim Älterwerden

werden Erinnerungen oft wie ein Zoom ganz nahe geholt, die aber im Weitwinkelobjektiv der Vergangenheit leicht wieder zu Rückblenden zurückschrumpfen. So verbindet Erinnern als Gedächtnis Gegenwart und Biographie. In diesem Sinn kann Älterwerden auch Heimkehr zu sich selber bedeuten.

3.1 Schöpferische Erinnerung

Mit Spiritualität des Alterns verbindet sich eine schöpferische Erinnerung. Erinnerung als Lebensrückblick erweist sich als Vorrat und Ressource für den weiteren Weg, so weit dieser noch gangbar ist. Sie belebt Interessen und Neugier, die die Türen öffnen für Neues, das vielleicht schon lange auf seine Entdeckung wartete. Ohne Erinnerungsarbeit gewinnt man kein Verhältnis zur Herkunft, zur Kontinuität bzw. zur Identität seines Lebens. Vergesslichkeit macht in der Gegenwart leicht lernbehindert für die Zukunft. Rückschau und Andenken bewahren die Vergangenheit auf und lassen sie als gestalterische Kraft und als Prozess gegenwärtig werden, ohne dass man bei ihr stehen bleibt. Zu denken ist an Menschen, denen man begegnen durfte und mit denen man gemeinsame Wegstrecken – in guten und in herausfordernden und auch bösen Tagen – gehen durfte. Das sind insbesondere die Familie, aus der man stammt und die, in der man jetzt lebt, aber auch Beruf, Netzwerke und Mitgliedschaft zum Beispiel in Gewerkschaften und politischen Parteien, in Musikvereinen oder Chören, ehrenamtliches Engagement, Eingebundensein in die konkrete Nachbarschaft und in den gesellschaftlichen und zeitgenössischen Kontext. So entdeckt man allein in seinem begrenzten Lebens-Lauf als Werdeprozess verschiedene Farbtöne und lebensgeschichtliche Silhouetten zwischen Fremd- und Selbstbestimmung. Man entdeckt seinen Lebensrhythmus als reiche Beziehungsgeschichte. Das Leben entpuppt sich im einzelnen als eine Ausbildungs- und Berufsbiographie, als Familien- und Partnerschaftsbiographie, als zum Teil unterschiedliche Biographien mit den eigenen Kindern und Enkelkindern. Und wie waren die Lebensläufe der eigenen Natur (zum Beispiel als Frau, als Mann ...) und der Kultur des persönlichen Lebensentwurfes? Wie entwickelten sie sich zueinander? Aber es gibt auch eine Kirchenbiographie oder die diskrete Biographie der Gottesbeziehung als Glaubens- und als Unglaubensgeschichte usw. (vgl. meinen Beitrag: Praktische Theologie – Subjektive Rechenschaft. Spurensuche nach dem Thema hinter den Themen, in: Johann Pock [Hrsg.], Dem Leben auf der Spur. Pastoraltheologie autobiographisch, Paderborn 2015, 127–146). Immer mehr unterscheide ich zwischen der inneren und der äußeren Biographie. Es geht um das hintergründige Thema hinter allen vordergründigen Themen.

M. E. ist diese schöpferische Erinnerung letztlich nur möglich, wenn wir damit eine kreative Hoffnung auf das noch nicht Erfüllte, aber Verheißene verbinden: »Geborgenheit im Letzten gibt Gelassenheit im Vorletzten« (Romano Guardini). Eine resignative Stimmung wäre nicht das Ziel: »Damals hatte ich noch Träume«. Träume können sich aber nur erfüllen, wenn man aus ihnen aufwacht. Es können sich neue Welten und Wegweiser in die Weite und Tiefe des weiteren Lebens öffnen und erschließen. Es hilft auch kein Rückzug in die Fraglichkeit des Lebens mit den existentiellen Herausforderungen. Alles quasi-intellektuell nur in Frage zu stellen und in einem zögerlichen Vielleicht zu verharren, versperrt die möglichen Wege. Wenn ich mich nicht entscheide und alles offen lasse, zerrinnt das Leben. Fraglichkeit ist keine Antwort, sondern Ort der Antwort. Und dies ist ohne den religiösen Horizont kaum denkbar. Dieser gibt unserem Dasein einen weiten Blick und eine Ahnung über den Moment von Raum und Zeit hinaus.

3.2 Versöhnung

Mit dieser schöpferischen Erinnerung verbindet sich im Blick auf die Altersspiritualität auch Versöhnung: mit dem Leben, mit sich selber und mit den Mit-Menschen und vor Gott. Auch das ist ein konkreter Umgang mit der Vergangenheit im Jetzt des Älterwerdens. Versöhnung heißt verzeihen und die Hand bieten, aber auch – und dies scheint schwieriger zu sein – um Verzeihung bitten. Versöhnung bedarf der Achtsamkeit, der Ehrlichkeit und des Mutes, sich dem Konflikt zu stellen sowie auf andere zuzugehen und den ersten Schritt zu wagen. So können neue Zugänge schöpferisch gewonnen werden. Und wichtig ist mir: Ich habe Gegner und ich bin Gegner; aber dass ich nie zum Feind meiner Gegner werde, ist zuerst meine ganz persönliche und eigene Verantwortung.

Entscheidend ist aber auch die Versöhnung mit sich selber und mit dem eigenen Lebensweg. Manche Menschen hadern mit ihrem Schicksal und finden kaum den Frieden mit sich selber. Auch in dieser Beziehung ist es wichtig, nicht Feind zu sein und »unverzeihlich« zu werden, sondern heilend auch zu sich selber. Sie können sich selber und ihr Leben nicht gelten lassen. Durch das Altern wird man inne, dass man mehr weiss und realisiert als in früheren Jahren. Es wandeln sich damit auch das eigene Urteilsvermögen und die erworbene Lebenssicht. Man hat ja auch eine gewisse Distanz gewonnen.

Auch die früheren Erfahrungen werden älter. Das beinhaltet Änderungen in der Einschätzung und Bewertung des eigenen Lebenslaufes. Man zieht Bilanz. Wie war das mit der Berufswahl und mit den verpassten Chancen – durch eigene Fahrlässigkeit oder Bequemlichkeit? Wie sind Beziehungen und Partnerschaft gestaltet worden? Und wie ist man den Weg mit den eigenen Kindern gegangen? Was durfte und darf man von den eigenen Kindern und Enkelkindern lernen? Es schenkt sich so viel. Und es gehen Lebenslichter auf. Anderseits sind auch Familie und

Partnerschaft nicht nur Paradiesgärten, sondern auch bemühende Kampfbühnen. Man bleibt sich und den anderen oft auch viel schuldig. Manches ist vielleicht nicht mehr ganz zu heilen. Unheilbare Gewissensbisse, Scham und echte oder vermeintliche Schuldgefühle können lähmen. Habe ich mich nur von außen von der Geschäftigkeit des geschäftlichen und gesellschaftlichen Lebens bestimmen lassen? Bin ich ins Leere gelaufen oder habe ich auch den Fragen nach Lebenswerten und nach Gott Raum gegeben? Habe ich das Leben von der eigenen Mitte her gestaltet und entfaltet? Und wie war das mit den Sackgassen, Baustellen und Umwegen im persönlichen Leben? Sich diesen Herausforderungen in der Spannung zwischen Fremd- und Selbstbestimmung sowie zwischen Charakter und Freiheit zu stellen, braucht Mut zu sich selber und Geduld mit der eigenen Ungeduld; es hilft aber auch, sich nach vorne zu öffnen. – Man muss auch einiges stehen lassen. Gerne hätte ich noch mehr Zeit für Orgel-Spielen und Malen investiert. Die aktive Mitgliedschaft in Musikvereinen als Klarinettist hat mir viel bedeutet und geschenkt. Und hätte ich den Einsatz für Caritas und für Projekte in der sogenannten »Dritten Welt« nicht viel mehr gewichten müssen? Sagte man nicht zu schnell: »Man kann nicht alles.«

3.3 Dankbarkeit und Freude

Zur Kultur des Alterns gehört Dankbarkeit. Je älter ich werde, umso tiefer schenkt sich mir das Gefühl der Dankbarkeit. Dies ist ebenfalls eine Erinnerung, die mit der Vergangenheit kreativ umgeht. Zuweilen scheint bei uns Menschen das Erinnerungsvermögen für das Misslungene, Versäumte und Unversöhnte fast lauter zu sein als die positiven Bilanzen. Es gibt auch viel Jammerei und Zynismus. Aber die Achtsamkeit für all das, was sich im Leben uns eröffnet, ermöglicht und geschenkt worden ist, führt zum Staunen, zur Dankbarkeit, zur Ehrfurcht, zur Achtsamkeit und zur Freude. Das zu dürfen und zu können, ist sozusagen Privileg und Geschenk. – Dankbarkeit ist auch der Charme in der Alltags-Bewältigung. Wie viel geschieht an selbstverständlicher Treue und Hilfsbereitschaft und Pflichterfüllung allein schon im familiären Umfeld? Man nimmt dies oft als selbstverständliche »Dienstleistung« an statt als Zeichen der Beziehung, der Zuverlässigkeit und Liebe. Zudem – und dies nimmt im Alter zu – sind und werden wir von anderen abhängiger, vor allem wenn die Gebrechlichkeit des Körpers und der Seele zunimmt und man nicht mehr nützlich zu sein scheint. Dann kann aber die Dankbarkeit für einander sich trotzdem vertiefen: Ich freue mich, dass Du noch da bist. Du kannst Dich auf mich verlassen. Und welches Privileg des Lebens schenkt sich, wenn man auch im Alter als Paar noch gerne beisammen ist.

4. Sterben – ein lebenslanger Prozess

Das Sterben und die Fragen um Tod und Lebensende können schon in der Jugendzeit beschäftigen. So lese ich zu meinem eigenen Erstaunen im Tagebuch meiner Studienjahre in München: »Sterben ist für mich nicht Verlust oder simples Ende, sondern vielmehr Durchschreiten durch das Tor dichtester Angst.« Heute würde ich wohl eher die Worte wählen: Sterben und Tod sind keine Mauern, sondern Weg aus dem Dunkel ins Licht.

Das Leben hat schon in seinen verschiedenen Phasen mit Loslassen und Abschiednehmen zu tun, aber auch mit Freigeben und neuem Werden. Das ganze Leben ist sozusagen Schwelle zum Sterben. Das sind lebenslange Prozesse, die vermutlich im Sterben selber einen der intensivsten und wachsten Momente durchleben. Wenn dem so ist, dann kann man bei einer Rechenschaft über das Leben und das Älterwerden die Fragen um Sterben und Tod nicht verdrängen. Ist es Ableben oder Heimgang, in einem gewissen Sinn auch ein Werden? Karl Rahner verglich das Leben mit einer lebenslangen Geburt, die im Sterben zur Erfüllung findet. Albert Biesinger versteht unser Leben als »Schwangerschaft« für das ewige Leben (Die Kunst des Älterwerdens, Freiburg 2010, 32).

Wenn wir realistisch bleiben wollen, können wir die Grenzerfahrungen nicht außer acht lassen, die das Älterwerden vielfach begleiten. Alter ist nicht schon Krankheit. Aber die Gebrechen und Beschwerden nehmen zu, Abhängigkeit und Hilfsbedürftigkeit, Ängste und Sinnlosigkeitsgefühle. Man kann lebensmüde werden, aber im guten Sinn des Wortes auch lebenssatt. Und in der Umwelt wird getuschelt, wer alles nun hohlwangig und bleich wirkt. Hinzu kommt der Verlust von beruflichem Rollenspiel, von Status im sogenannten »Ruhestand« und von Zugehörigkeiten zu kommunikativen Netzwerken und von Kontakten mit der Familie etc. Und – fast hätte ich es vergessen – die Vergesslichkeit nimmt zu, die alterstypisch genannt wird.

Krankheit und Sterben gehören zum Leben, zum Menschsein. Es sagt sich so leicht. Denn sie schüren auch Fragen um Fragen. Sie führen die betroffenen Menschen in eine schicksalhafte Vereinzelung und in die letzte Einsamkeit des persönlichen Lebensweges. Man muss ihn letztlich ganz alleine selber gehen. Dafür zeigt sich keine Stellvertretung. Der Mensch entkommt sich ein Leben lang und im Sterben nicht. Und beim Sterben ist man Neuling. Man stirbt nie zur Probe. Es ist radikaler Ernstfall des Menschseins. Dahinter können Leere, Depressionen und Verzweiflung und vor allem Angst lauern. Aber es kann auch Sehnsucht erwachen, aus der eigenen Mitte heraus sich dem »Schicksal« bewusst zu stellen, sich zu öffnen und sich auf das einzulassen, was das Leben noch zuschickt und wie es für mich bestimmt ist. Jedoch selbst diese tapferen Versuche können in Krise geraten, wenn angesichts der Herausforderungen des Lebens die körperlichen und seelischen Kräfte und geistigen Energien ermüden. Denn viele Probleme des Lebens haben nicht nur mit dem guten Willen, Intelligenz und mit der Pflege zu tun, sondern sind oft eine Frage der persönlichen »Kraft« und verbleibender seelischer Reserven. Und Schmerzen können den Lebenswillen oft schneller brechen, als man in gesunden Tagen ahnt.

Der Tod rückt näher. Das gilt zwar ein Leben lang. Aber der größere Abschnitt des Lebens liegt hinter einem. Die Zeit wird knapper. Die Todesanzeigen in den Tageszeitungen zeigen unbarmherzig an, dass man nun auch bald zu jener Generation gezählt wird, in der sich die Sterbefälle häufen. Und im eigenen Umfeld lichten sich die Reihen. Soll man nun die Fragen um Sterben verdrängen? Soll man ihnen ausweichen? Oder hilft die Flucht in das unmittelbare Näherliegende? Soll man sich an gesellschaftliche Rollen oder an Standestitel klammern? Hilft eine stoische Gelassenheit? Manchmal höre ich, dass die Probleme dadurch entstehen, dass man darüber redet. Es ändere doch nichts. Warum viele Worte verlieren, die doch nichts heilen? – Weicht man dann nicht sich selber und dem Leben aus und verdrängt die Fragen, die kommen; und sie kommen ohne zu fragen, ob sie auch kommen dürfen. Und keine Frage ist verboten.

Der Tod bleibt allerdings als Zerstörung und als Abbruch eine ungeheuerliche Zumutung. Er ist auch oft schrecklich und grausam »banal«. Man ist ein Fall unter Milliarden und versinkt in der Vergessenheit der Geschichte. Viele religiöse Bilder und »Antworten« versuchen zu sagen, dass das Leben doch größer ist als das, was wir individuell hier erfahren und erleben. Man spricht von einer transzendenten Dimension, die die Grenzen in Raum und Zeit überschreitet. Letztlich geht es um Hoffnung trotz unserer Grenzerfahrungen.

Tatsache bleibt indessen, dass wir Menschen seit jeher an der Todesgrenze rütteln. Nur dem Tod selber droht keine Todesstrafe. Alle Religionen reiben sich an diesem Thema. Wir Menschen sind zeitliche Wesen, die auch existentiell schlottern und taumeln. Aber in unserem Dasein wehrt sich etwas massiv gegen den Tod. Sollen Menschwerdung – ein Leben lang –, Liebe und Achtsamkeit für das Menschliche und Lebenssinn sich im Nichts verlieren? Und wenn man in Todesanzeigen liest, dass tot nur ist, wer vergessen wird, fragt man sich, ob das über den Moment hinaus wirklich gilt. In wenigen Generationen kann man auch endgültig vergessen und in unauffindbaren Gräbern »verloren« sein. Man ist nicht mehr im Blickfeld der anderen.

Aber: Wie wäre es, wenn wir nicht sterben könnten, sozusagen zum ewigen Leben im Diesseits verurteilt wären? Kann man sich das wünschen? Was bliebe uns alles verschlossen, wenn wir nicht durch das Tor des Todes schreiten dürften? Ruft nicht etwas in uns selber, das sich nicht mit den Grenzen in Raum und Zeit abfinden will? Warum soll eine solche Frage un-sinnig sein?

Nachdenklich stimmt eine Äußerung des vor wenigen Jahren verstorbenen Apple-Chefs Steve Jobs vor Studenten der Stanford-University im Jahre 2005: »Niemand will sterben. Sogar die Menschen, die in den Himmel kommen wollen, wollen dafür nicht sterben. Und doch ist der Tod das Schicksal, das wir alle teilen. Niemand ist ihm jemals entronnen. Und so soll es auch sein: Denn der Tod ist wohl die mit Abstand beste Erfindung des Lebens. Er ist der Katalysator des Wandels. Er räumt das Alte weg, damit Platz für Neues geschaffen wird« (Tageszeitung Österreich, Sonntag 28. August 2011, 7). Anders Woody Allen: »Ich habe keine Angst vor dem Sterben. Ich möchte nur nicht dabei sein, wenn es passiert.«

Gibt es einen Weg, Sterben als Lebensvorgang zu verstehen? Gibt es Quellen für eine Ahnung, dass die Grenzen, die unser Leben bestimmen, keine absoluten Mauern sind, die alles verschließen und an denen man zerbricht, sondern Tore, die sich öffnen und die man durchschreitet?

Ein erster Schritt, selbst das Sterben als Lebensvorgang und das Leben als Werden und Vergehen zu ahnen, kann meines Erachtens das Weltbild der Evolution sein. Damit gewinnen wir einen Zugang, auch das Älterwerden als Wandlung und als Werden in einem umfassenderen Geschehen zu begreifen und als Weg zur schöpferischen Vielfalt des Lebens. Das Weltbild der Evolution verrät ja auch ein dynamisches Menschenbild und öffnet sich für die Fragen nach dem Lebenssinn. Es weist somit auch über sich hinaus. Evolution ist gestalterisches Werden: Kreativität, Schöpfung als Prozess. Welche Argumente haben jene, die meinen behaupten zu können, dass mit dem Tod radikal alles aus ist? Kann er nicht als Ende des Lebens in dieser Zeit verstanden werden und als Durchgang und als Öffnung in ein neues Werden, als Werde-Gang in eine Welt, die allerdings noch Geheimnis bleibt?

5. Evolution: schöpferisches Werden

Weist das Weltbild der Evolution auf das Leben und Altern als kreative Wege hin? Direkt gefragt: Bietet das Verständnis der Schöpfung bzw. der Welt als Evolution nicht Spuren, in denen auch die Botschaft Jesu für alle Menschen vom Heil als »Leben in Fülle« (Joh 10,10) geahnt werden kann? Die Berufung der Kirche als Warnsignal und als (wenn auch renovierungsbedürftiger) Leuchtturm in den Gezeiten der Geschichte und für die Schifffahrt auf den Meeren des Lebens ist zutiefst in den Rhythmus der Evolution eingebettet, aber ebenso der einzelne Mensch, das Leben. Wie könnte man das verstehen? Ich wage einen stammelnden Versuch.

Nach den Jahrmilliarden Phasen der Entwicklung mit der quantitativ unübersehbaren Weite und kognitiv nie einzuholenden Fülle an Sternenstaub, Galaxien, anorganischen und organischen Elementen mit ihren konstruktiven und destruktiven »Vererbungen« und Organismen fand der Kosmos im Werden durch den Menschen eine qualitative Chance. Diese unübersichtliche Wirklichkeit können wir zwar erkennungsmäßig nicht einholen. Aber Zugänge sind durch und für den Menschen eröffnet.

Durch Erfahrungen der Menschen erwacht die Schöpfung mit der Dynamik all ihrer »Zeit« und »Materie« und mit ihrem »Licht« (vgl. Gen 1–2,4a) gleichsam zu sich selber. Die quantitative Dimension der Evolution emergiert zu ihrer qualitativen

Dimension. Und auf dieser Basis sucht die erwachende existentielle Intelligenz nach Licht und nach Orientierung und nach Energiequellen, ohne des Ganzen Herr werden zu können. Das Ganze lässt sich nicht in seine Teile pulverisieren noch in einzelne Elemente zerreiben. Dem, was sich zeigen will, kann man sich nur öffnen und sich dazu erleidend und gestaltend verhalten. In der quantitativ unübersichtlichen Weite des Lebens bahnt sich die qualitative Tiefe des Daseins und des Soseins ihren Weg. Der Mensch wird sozusagen durch seine Sinne, sein Gemüt und durch seine geistigen Begabungen und Intuitionen selber schöpferisch, mitgestaltend prokreativ und zu seinen Anteilen mitverantwortlich für den Lauf unserer Welt. Dadurch ist der Mensch im Vorteil, wo es komplexer und komplizierter wird. Er kann auf die Spurensuche gehen.

Die Gehirn-Forschung hat inzwischen galaktische Dimensionen entdeckt, wie der einzelne Mensch Erfahrungen macht und »sammelt«. Das Gehirn besteht aus 120 Milliarden Nervenzellen mit über 100 Billionen Verbindungen und Bewegungen, die auch das Gehirn ändern. Es ist das wichtigste Organ, das am meisten Energie verbraucht (Prof. Florian Holsboer, München). Der Mensch – und zwar schon der ungeborene Embryo – ist in diesem Horizont mehr als die Summe oder reine Quantität von Nervenzellen. Durch den Menschen erwacht im Kosmos das Bewusstsein. Vielleicht vollziehen sich auch außerhalb unserer erreichbaren Welt ähnliche Prozesse.

Und dieser Lebensvollzug ist eingebettet in das geschichtlich umfassendere Geschehen, das uns ahnen lässt, dass und wo die Schöpfung als Evolution sich selber erschafft und erarbeitet und in der Kreatur bzw. im Gemüt und im Bewusstsein des Menschen zu sich selber erwacht und sich verdichtet. Die Menschen erkennen das Du und entdecken dabei das Ich. Sie finden dadurch zum Wir. Über schmerzliche und Staunen erweckende Prozesse entwickeln die Menschen einen Spürsinn dafür, dass sie sich nicht finden, wenn sie nur sich selber suchen oder nur ihre Keulen schwingen. Sie werden in unendlich langem Suchen und Erproben sprachfähig für die Fragen nach Werten und nach Sinnorientierung bis hin zu den brennenden Geheimnissen um das Woher und Wohin der Menschen und ihrer Welt. Die Menschen finden zu den Warumfragen des Lebens, ohne sie in Griff bekommen zu können. Aus der Wirklichkeitszufuhr (Materie, Natur) entpuppt sich gleichsam die Wirklichkeitsverarbeitung (Kultur). So entfaltet sich die Kultur: »Im Anfang war das Wort ...« (Joh 1,1). Dieser Wirklichkeitssinn in Raum und Zeit vertieft sich zum Möglichkeitssinn (Hoffnung) über das Jetzt von Raum und Zeit hinaus.

Und in diesem Erwachen in der Spannung zwischen Natur und Kultur haben die Menschen bei den Fragen nach sich selber und nach dem Sinn des Daseins durch Propheten und Prophetinnen, Seher und Seherinnen sowie durch wahrsagerische Stimmen gelernt, in vielen Sprachen die Worte »Götter« und »Gott« zu stottern und in diesem Horizont den Schöpfer Gott zu nennen. Spuren zu Gott, nicht mehr, aber immerhin. » ... und das Wort war bei Gott und Gott war das Wort« (Joh 1,1). Es drängten auch Rätselraten, Verblendung, Zweifel und Skepsis an den Tag; und es begannen atheistische Schattenspiele gegen die Dunkelheit. Aber das Dasein weckt die Suche nach den Fragen um das Sosein.

Und in dieser Geschichte und Evolution hat Gott sein Schweigen in Jesus von Nazaret gebrochen, ohne sein Geheimnis selber zu lichten, denn Er ist größer als unsere Möglichkeiten in Raum und Zeit. Durch Jesus bzw. sein Handeln und seine Botschaft ist Gott uns menschlich nahe gekommen. »Und das Wort ist Fleisch geworden und hat unter uns gewohnt« (Joh 1,14). In diesem Horizont wachsen Hoffnung und Mut zum langen Atem, auch wenn wir uns und dem Leben und das Leben uns gar manches schuldig bleiben. So erwacht das Leben in und durch Erfahrungen zu sich selber. Auch die biblischen Quellen für den christlichen Glauben sind geschichtliche Offenbarungen, die im jeweiligen zeitlichen und kulturellen Rahmen dem Werden und Leben dienen. Sie sind nicht als Archive zu »haben«.

Ist das Diesseits nicht doch so etwas wie ein Horchposten für das »Jenseits«, das über Raum und Zeit (Diesseits) hinausweisen kann? Das Denken kann Spuren dafür finden, aber nie die Fülle selber einholen bzw. verheissen. Um es zu wiederholen: Man kann auch die Fraglichkeit des Lebens nicht zur Antwort machen, aber zum Ort der Spurensuche. Denn Denken ist Weg und Instrument, aber nicht letzte Instanz. Dabei darf sich das Denken nie zurückziehen, denn es ist nicht Feind des Glaubens, wohl aber Wächter, der zur Rechenschaft drängt und die Sprache für diese Spurensuche schenkt.

Ernstfall bleibt bei allen Erfahrungen die qualitative Tiefe in der unübersichtlichen Weite des Lebens, d. h. das Ja zu sich selber, zum Du, Beziehung und Liebe. Dann verwandeln wir uns selber auch in das Gegenüber, dem man sich öffnet und zum Du wird, ohne sich selber zu verlieren. Dies bildet die Basis für die Frage nach Gott, den wir nie groß genug denken können, auch wenn er Geheimnis bleibt.

Diese Versuche geben einen Hinweis, dass alles Leben ein Werden und differenzierendes Geschehen ist (»Selektion«), das in seiner fragmentarischen Unübersichtlichkeit und in seiner komplexen Weite nie einzuholen ist. Es ist ein Prozess, der nach der Tiefe und nach dem qualitativen Ganzen sucht und fragt. Aber das Menschsein selber mit seiner Würde verbindet alle Menschen und ist in jedem Menschen Ernstfall. Es ist nicht durch quantitative Vorstellungen in Griff zu bekommen. Aber die Orte der Probleme und der Antwortsuche sind die Orte der Antwort und der Problemlösung. Die Menschen werden milliardenhaft zu je einmaligen Mit-Schöpfern und Mit-Schöpferinnen. Die Menschen sind selber werdend in das große Werden eingebunden.

Nach diesen Zugängen zu unserem Thema sollen nun die Elemente des Phänomens »Altern« kurz erfasst werden. Es geht um Schritte, die konkreten Aspekte des Älterwerdens ins Auge zu fassen.

EIGNUNG
Eigentlich
– als ER das alles schuf:
Lichtstraßen, Universen,
Kosmos, Erde und Kometen –

Da ruhte er
– aeonenlang –
und freute sich:
es schien ihm gut.

Als Leben Ursprung war,
und Menschen Kinder,
das Lamm beim Löwen
sanft-geborgen schlief,
der Säugling
mit der klugen Schlange spielte:
da war es gut.

Die Erde trug uns,
nährte uns
und regenbogengleich
war da die Hand des Schöpfers:
freudig, formend
im Gleichklang mit dem Herz des
SEINS.

Als dann die NACHT sich spaltete,
und endlos Dunkel säte,
gebar sie
Leiden,
Schmerz
und Angst.

Das Mutter-Herz der Erde bebte,
brach,
– wohl siebentausend Male –,
blutete.
Die Sterne weinten.

Die Menschen,
ihres Kindseins bar –
wurden Getriebene, Verletzte,
verzerrt, verzweifelt,
grausam – gequält,
gierig und ausgebeutet:
blind, taub,
der NACHT verbrüdert.

GOTT neigte sich und sah:

Was gut gewesen war,
lag tausendsplittrig,
hämisch-scharf in Trümmern,
bereit, sich selber zu zerstören,
zu verlieren.

Riss Opfer, Schuld und Tat,
Gequälte und Getriebene
in jene bodenlose Nacht,
die stumm und unersättlich
nach
Zerstörung
schreit.

ER neigte sich, besah die NACHT
und weinte.

ER neigte sich nochmals
und LIEBTE:

unaufhaltsam,
unbeirrbar gütig,
achtsam-still:
das Damals
und das Jetzt.

Eigentlich war damals alles gut:
dann kam die NACHT,
und dann kam ER:

Gegürtet mit der Morgenröte,
mit Auferstehungs-Tau im ewig weiten Herzen.

Er fror in Krippen,
floh in freudlos fremdes Land,
durchwanderte die Wüsteneinsamkeit,
durchlitt die NACHT
und wurde LICHT.

Damals war alles gut.
Und heute
wächst es,
lebt es
und wird
HEIL.

Maria-Christina Fernández

II.

In die Jahre kommen ...

In einem weiteren Schritt geht es um den Versuch, die Fragen um Alter und Altern im gesellschaftlichen Kontext zu verstehen. Was verraten die Realitäten, die den alternden Menschen bestimmen und prägen? Nun ändern sich auch die Sprache und die Atmosphäre des Themas.

1. Gesellschaftliche Optik

Bekannt ist ja die Meinung, dass man objektiv immer älter, subjektiv aber jünger wird. Man hört oft: »Ich fühle mich noch gar nicht so alt, wie ich bin.« – »Man ist so alt, wie man sich fühlt.« – Trotzdem lassen Fakten und ihre Einschätzung aufhorchen. So leben laut Schätzungen der UNO 6,9 Milliarden Menschen auf unserem Planeten und 2050 sollen es 9,1 Milliarden sein. Der Anteil der über 60-Jährigen von heute 700 Millionen soll bis 2050 auf 2 Milliarden anschwellen. Älterwerden: eine demographische Zeitbombe für die Welt? Das Altersproblem wird in vielen Bereichen zum Weltproblem.

Diese Fakten signalisieren bekanntlich eine tief greifende Änderung der Alterspyramide, nicht nur für China und Europa. »Dabei hat sich in Deutschland nach Angaben des Statistischen Bundesamtes die Zahl der Menschen ab 65 Jahren gegenüber dem Jahr 1990 bereits um 42 Prozent auf rund 17 Millionen erhöht. Es wird vorausgesagt, dass im Jahr 2030 voraussichtlich 22 Millionen Menschen bzw. 29 Prozent der Bevölkerung mindestens 65 Jahre alt sein werden. Die fortschreitende Alterung der Gesellschaft zeigt sich besonders deutlich an der wachsenden Zahl der Hochbetagten: Lebten 2009 etwa 1,5 Millionen Menschen in Deutschland, die mindestens 85 Jahre alt waren, so wird ihre Zahl in der Mitte der 2050er Jahre etwa 6 Millionen erreichen. Das entspräche dann einem Bevölkerungsanteil von 9 Prozent« (Ulrich Feeser-Lichterfeld, Noch bin ich nicht alt, in: Anzeiger für die Seelsorge 5/2012, 20f). Die Tendenzen dürften sich in Österreich und in der Schweiz ähneln.

Südlich vom Rhein und Bodensee ist es nämlich nicht viel anders. Die über 65-Jährigen machen derzeit 17 % der Schweizer Bevölkerung aus. Im Jahre 2035 rechnet man mit einem Drittel an über 65-Jährigen. Im pflegerischen Bereich rechnet man schon jetzt mit einem massiven Mangel an Fachkräften. Hilfe erwartet man vom »Ausland«.

Der gesellschaftliche Aufbau entspricht dann nicht mehr der Pyramide mit einer gesunden Balance zwischen den Generationen. Gar schauerlich wirkt das Gespenst des »Methusalem-Komplottes« (Frank Schirrmacher, Das Methusalem-Komplott, München [9]2004): Der Generationenkonflikt wird fiktiv als blutiger Krieg dargestellt zum Beispiel als Gemetzel auf der Kölner Domplatte mit dem knappen Sieg der Jugend. Ist es somit auf Dauer unsozial und bedrohlich, älter zu werden? Sind wir Alte zu viele? In einer Zeitung las ich die Vermutung, dass der Anstieg der Alten von den Jüngeren als eine Art »Heuschreckenplage« empfunden werde (Neue Zürcher Zeitung 27. April 2016, 10). Gibt es Vorurteile gegen alte Menschen? Die jüngste Diskussion um die Sterbehilfe bzw. Exit (in der Schweiz) hat ja solchen Befürchtungen erneut Auftrieb beschert. Die Jugendstudien, zum Beispiel die Shell-Studie, geben allerdings keinen Hinweis auf solche Szenarien eines Generationenkonflikts. In einer umfassenden Studie mit dem Titel »Mythen und Fakten zum Alter« (TELE, TV-Magazin der Schweiz, Nr. 24, 2011, 11f). wird mit entsprechenden Vorurteilen »aufgeräumt«. So würden »moderne Teenager« angeblich »ihre Großeltern schätzen und schildern sie in erster Linie als großzügig, liebevoll, gesellig und lustig. Nur eine Minderheit findet ihre Omas und Opas streng, ungeduldig oder geizig«. Auch andere Altersmythen werden hinterfragt: »Das psychische Wohlbefinden steigt im Alter sogar an und ist bei 60 bis 70 % der über 75-Jährigen sehr gut. Das heißt: Rund zwei Drittel der älteren Menschen fühlen sich praktisch jeden Tag voller Optimismus, sind ruhig, gelassen und selten schlecht gelaunt ...« und dies im Unterschied zu den Jugendlichen. Fängt das Leben doch erst mit 66 Jahren an, wie Udo Jürgens vor Jahren sang? – Stimmen also die landläufigen Vorstellungen nicht, »wenn Altern als nichts Gutes« eingeschätzt wird? »Und wie auch, wenn die Gebrechen kommen, die Lebenslust geht, der Haaransatz steigt und die Libido sinkt« (ebd.; vgl. auch: Aktiv bis ins hohe Alter, Interview mit F. Höpflinger, in: Aufbruch Jg. 29, 8. Dezember 2016, 14–15).

Allerdings verschärfen sich die Herausforderungen in sozialer, medizinischer, politischer, wirtschaftlicher und in ethischer Hinsicht. Im medizinischen Umfeld gilt Alter doch als Risikofaktor. Zwar ist Älterwerden keine Krankheit, auch wenn natürlich die Anfälligkeiten zunehmen (Liliane Juchli). Und Sorgen um die Gesundheit und um genügend Geld sowie um Hilfsbedürftigkeit und Einsamkeit können quälen. Plötzlich entdeckt man bei der eigenen Generation, was man früher bei den Senioren gar nicht gerne litt: das Gewicht von Krankheiten, Gebrechen und Medikamentenverschleiß beim alltäglichen Gespräch. Mit einem Male beachtet man Kohelet, den alttestamentlichen Prediger, der vor den Jahren warnt, »von denen man sagen wird: Sie gefallen mir nicht« (12,1). Beim Altern kann man eben auch begriffsstutzig, stur und schwerfällig bis tollpatschig werden, geradezu lebensverdrossen.

Wie ist also das Älterwerden zu verstehen? Schon der Begriff »Alter« wird immer mehr differenziert. Die Weltgesundheits-Organisation bei der UNO (WHO) hat 1961 das Alter mit dem 61. Lebensjahr beginnen lassen. Im Trend der Hochaltrigkeit hat sich die Lebensphase »Alter« verlängert und differenziert, was die Chancen und Grenzen betrifft (Ulrich Feeser-Licherfeld,

a. a. O., 20). Zwischen den »jungen Senioren und Seniorinnen« und den »Hochbetagten« können Jahrzehnte liegen. Es gibt somit selbst im Alterungsprozess verschiedene Phasen. Mir will scheinen, dass die Altersforscher das »Vierte Lebensalter« an Jahren immer höher ansetzen bzw. das Altern in verschiedene Stufen nach oben differenzieren, je älter sie selber werden. Den Lebenszyklus in Lebensphasen einzuteilen, kann man verstehen, auch wenn dies zuweilen willkürlich daherkommt. Auch die gerontologischen Fachdiskurse zeigen die Komplexität des Alterns dadurch, dass man sie in »junge Alte«, in »alte Alte« bzw. Alte, in »Hochalte« und in »Höchstaltrige« (Greisenalter?) einteilt. Vor allem unterscheidet man qualitativ zwei verschiedene Abschnitte, nämlich die des »dritten« und »vierten Alters« (vgl. Ulrich Feeser-Lichterfeld, a. a. O., 22). Das scheint mir im Blick auf die Gestaltung der Alterskulturen und der pastoralen Praxis nicht unerheblich zu sein. Die Altersgesellschaft ist generell gekennzeichnet von der Verjüngung des Alters, der Feminisierung und der Differenzierung (vgl. Paul Schladoth, Altenpastoral: Lehrbrief 12 von Theologie im Fernkurs, Würzburg 2009; 18f). So spricht man davon, dass es auch weniger Altenklischees gebe, nicht zuletzt unter dem Einfluss der gesellschaftlichen Individualisierung. In den Medien diskutiert man heute nicht nur »Anti-Ageing«, sondern immer mehr auch die »Kunst von Ageing«.

Man ist seit den 60er Jahren des letzten Jahrhunderts auch weitgehend davon abgekommen, das Alter nur als Defizitphase des Lebens zu betrachten: *weniger* leistungsfähig, Einbußen von Anerkennung, Verlust von Bezugspersonen, biologische Abnutzung, Schmerzen und körperliche Beeinträchtigungen ... Und dann die Fragen, die nicht nur alte Menschen, diese aber spezifisch treffen: Wo werde ich leben? Mit wem werde ich leben? Wovon werde ich leben und wofür? So gibt es auch verschiedene Alterstheorien: Neben der biologischen Abnutzungskonzeption spricht man von Aktivitätstheorie (nur ein aktives Alter ist ein erfolgreiches Alter), Desengagementtheorie (Alter als Rückzug),

Kompetenzmodell (Entwicklungsfähigkeit ist nie einfach abgeschlossen) und von dem schon erwähnten Defizitmodell (vgl. Liliane Juchli, Pflege. Praxis und Theorie der Gesundheits- und Krankenpflege, Stuttgart [8]1997, 587).

Soziologische Informationen und psychologische Analysen sind von diagnostischem Wert. Aber sie nehmen nicht ab, den Weg selber und individuell zu gehen, wenn auch hoffentlich nicht alleine. Wie ist die Lebensphase zu verstehen, in der wir alte Menschen mitten drin gefordert, aufgefordert und beschränkt sind? Und: Was schenkt und gibt langen Atem für die noch verbleibende Zukunft zwischen länger werdender Vergangenheit und kürzer werdender Wartezeit?

2. Subjektive Optik: Altwerden zwischen Selbst- und Fremdbildern

Je mehr Lebenserwartung und Aktivitätsbereitschaft im Durchschnitt abnehmen, umso stärker erwachen auch die Sensibilität und die Bereitschaft, dem Alter gemäß sein Leben doch möglichst selbständig zu gestalten und sinnvoll zu führen. Das Altwerden ist dann kein resignatives Abstellgleis, sondern eine entscheidende Lebensphase als ein Werden, das Abschied und Gewinn bedeuten kann, Loslassen und Hingabe an Neues, wie eigentlich alle anderen Zeit- und Lebensphasen auf ihre je spezifische Weise (vgl. Martina Blasberg-Kuhnke/Andreas Wittrahm [Hrsg.], Altern in Freiheit und Würde. Handbuch christliche Altenarbeit, München 2007). Auch Gelassenheit kann wachsen, eine gewisse Milde sich und anderen gegenüber, vor allem aber tiefe Dankbarkeit und das Bewusstsein, was einem alles geschenkt und eröffnet worden ist im Leben. Alt-Werden ist so gesehen nicht nur Bürde, sondern auch Würde im Sinne von Lebensentfaltung, Wachsen, Reifen und Annahme der Schattenseiten. Es geht um die Achtsamkeit für den jeweiligen Rhythmus des Lebens bis hin zum Sterben, in dem die lebenslange Geburt zur Erfüllung findet und – wie schon erwähnt – der Tod das Ende dieser Geburt bedeutet.

Im Unterschied zu früheren Lebensphasen kann man das Älterwerden aus der Selbst- und Fremdbeobachtung heraus als einen noch bewussteren Weg zu sich selber erleben, auf dem sich zeitigt, was es mit dem eigenen Leben und mit sich selber auf sich hat. Es gibt Schübe in diesem Prozess. Man begegnet sich selber insofern ehrlicher, als sich das Selbstbild und das Selbstgefühl nicht mehr so entscheidend von außen steuern lassen, vielleicht auch nur, weil die Energie schwindet, sich und anderen etwas vorzumachen. Auch das Selbstwertgefühl kann zu schillern beginnen. Man hat sich ja auch lächerlich benommen. Es gibt auch peinliche Erinnerungen und Schuldgefühle. Und manchmal entdeckt man bei sich selber – natürlich klammheimlich –, dass man doch auch der »alte Kindskopf« geblieben ist. Aber man musste auch viel lachen – über sich selber. So wird man zusehends achtsam oder mindestens aufmerksam für die eigene Kommunikation mit sich selber und mit den anderen, aber auch dafür, wo diese Kommunikation abbricht, nicht zuletzt – wenn ich richtig beobachte – auch in familiären Kontexten.

Und spürt man noch, wenn sich Realitätsferne breitmacht? Bei anderen vermutet man dies meist recht behende. Es zeigt sich doch auch bewusster, wie Enttäuschungen, Schicksalsschläge und Depressionen, aber auch Alleinsein und Wehleidigkeit die eigene Sprachfähigkeit und das Sprechen miteinander lautlos abhanden kommen lassen. Es gibt so etwas wie eine Rettung oder Flucht ins Schweigen. Ist das müder Rückzug oder Sammlung der noch vorhandenen Kräfte? Verstummt man oder bricht man aus der eigenen Enge aus? Sicher ist es eine Herausforderung an die Kultur der persönlichen Lebensgestaltung und an das Verhalten zu sich selber und zur Mitwelt. Es ist auch ein Abschiednehmen oder Verlieren von Fähigkeiten und Liebhabereien bis hin zu Hobbies wie zum Beispiel Gartenpflege, Tierhaltung, Singen und Spielen von Musikinstrumenten oder Aufgaben als Trainer in Sportvereinen, um nur wenige zu nennen. Manches zerrinnt aber auch unter der Hand. Und man beobachtet, was Tiere für viele Menschen bedeuten können und wie schwer es fallen kann, sich von ihnen zu trennen.

Man wird zusehends auf sich selbst verwiesen, auf die eigene Verantwortung und Haftbarkeit, die sich nicht auf andere abschieben lassen. Wenn immer es um das menschlich Entscheidende geht, bezahlt man mit sich selber. Man erbt auch das Versäumte. Man bezahlt nicht nur für das, was man getan und gewagt hat, sondern auch für das, was man unterlassen oder verpasst hat oder dem Leben schuldig blieb. – So kommt an den Tag, wovon die eigene Seele sich nährte oder nährt, welche Motive und Anliegen tragen oder welche Interessen und »Kindereien« noch ihr Wesen oder Unwesen treiben. Es zeigt sich eventuell, was nicht mehr zu korrigieren, aber noch zu versöhnen ist. Es zeitigt und zeigt sich, wo das Leben etwas zerbrochen oder unabgegolten ließ und wo Versöhnung mit sich selbst und anderen zur Chance für neues Freiwerden und für Reife werden könnte oder zur Verhärmung führt. Älterwerden ist – wie schon angedeutet – ein Prozess zwischen stets mehr werdender Vergangenheit und weniger werdender Zukunft und dem immer näher kommenden Tod.

Dann kann man einander nur wünschen, dass dieses Werden auch versöhntes Abschiednehmen bedeutet von eigenen idealen Selbstbildern und zur Ehrlichkeit über Abgründigkeiten in einem selbst führt, aber auch zu Humor und Zuversicht zwischen Lebenwollen und Sterbenmüssen oder auch Sterbendürfen. Und Leben gelingt, wenn es trotz allem auch verweilendes Staunen und Dankbarwerden zur Erfahrung werden lässt. Dann ist Älterwerden keine gestundete Zeit, sondern reif werdendes und erfülltes Leben. Das merkt man den Menschen an. Sie strahlen noch im Alter.

3. »Macht der Bilder« zwischen Selbst- und Fremdbestimmung

Im Blick auf die Gestaltung des Älterwerdens als Werdeprozess und im Blick auf das pastorale Handeln der Kirche ist es geraten, die Macht von Bildern und die Altersdefinitionen in ihrer suggestiven Kraft nicht zu unterschätzen. *Die* Alten gibt es aber nicht, sondern verschiedene Altersmilieus und Unterschiede zum Beispiel zwischen eher bildungsarmen und eher bildungsaktiven Senioren/innen. Im Bereich der Seniorenarbeit unterscheidet man deutlich zwischen den jungen Seniorinnen und Senioren und den älteren Alten bzw. zwischen dritter und vierter Lebensphase.

3.1 Dritte Lebensphase

Das zunächst einzig einschneidende Ereignis für die meisten ist das Ende der beruflichen Laufbahn, das ja nicht das Ende der Schaffenskraft und der gesellschaftlichen Rollen oder der politischen Verantwortung sein muss und das den häuslichen Berufen und Aufgaben eine neue Bedeutung gibt. Neue Handlungsspielräume fordern heraus (zum Beispiel das Kochen lernen). Es beschäftigen neue Existenzfragen. Rente und Pensionierung sind dafür Stichworte im Kontext mit der sozialstaatlichen Sorge für die älteren Menschen. Ist genug »vorgesorgt« worden? Man nimmt Abschied von Rollen, die einen sozialen Status und Orientierung gewährten. »Die Mehrdimensionalität innerhalb der Altersbilder wird durch die gestreckte und sich weiter ausstreckende Lebensphase, die im gesellschaftlichen wie individuellen Bewusstsein unter der Überschrift ›Alter‹ firmiert, weiter verstärkt« (Ulrich Feeser-Lichterfeld, a. a. O., 21).

Die Unterscheidung von »drittem« Lebensalter und »viertem« Lebensalter ist naheliegend. Fachleute stellen selbst diese Unterscheidung in Frage (ebd.). »Statt die Lebensphase ›Alter‹ angesichts steigender Lebenserwartung immer weiter auszudehnen, macht es Sinn, die Rede vom Altsein auf die von Unterstützungs- und Pflegebedürftigkeit bestimmten Lebensjahre zu konzentrieren. Hier können sich Pastoral und Pastoraltheologie als Anwälte der ›Grenzgänger der Transzendenz‹ (Bischof Klaus Hemmerle) engagieren und Altenpastoral hat die Chance, zur Dialogpartnerin für ›jüngere‹ Pastoralfelder und die dort erfahrbaren Grenz- und Kontingenzerfahrungen zu werden« (ebd. 22). Gewisse Unterscheidungen sind trotzdem hilfreich.

In der öffentlichen Wahrnehmung prägen die sogenannten aktiven Alten das Bild der nachberuflichen Lebenszeit. Ob reiselustige Rentner, ob engagierte Freiwillige oder enkelhütende Großeltern, die Aktivität und Nützlichkeit im gesellschaftlichen Kontext steht im Mittelpunkt. Und durch die Zugehörigkeit zu Vereinen und zu Netzwerken und zu ehrenamtlichen Aufgaben sind gesellschaftliche Standorte und Rollen garantiert.

Interessant ist, dass in diesem Zusammenhang von einer »Veralterung« der politischen Gremien die Rede ist (vgl. »Tribüne« in: Neue Zürcher Zeitung, 3. November 2016, 9). – Zum einen sind Altersthemen im Trend: Finanzierung der Altersrenten und Gesundheitskosten, Bau von altersgerechten Siedlungen und teure Pflegeheime, Hospiz-Bewegung, Erhöhung des Rentenalters, Verteilung der Steuerlasten zwischen den Generationen usw. Zum anderen geht es um die Vertretung der Senioren und Seniorinnen in den amtlichen bzw. politischen Gremien. Zwar stellt sich immer wieder die Frage nach der Verjüngung in der Politik. Ohne Zweifel ein wichtiges Thema. Aber es darf auch nicht dazu verleiten, das Alter schlecht zu reden, indem man zum Beispiel den Senioren und Seniorinnen über 65 Jahren die politischen Rechte einschränkt. Oft tarnen ja politische Schlagworte Vorurteile und hintergründige Interessen. Die Forderung nach einer »Veralterung« der Parlamente ist durch das Anwachsen der Seniorengeneration gerechtfertigt. Warum sollen im Verein mit der jungen Generation mit ihren aktiven, motivierten und gut gebildeten Leuten nicht auch Ältere mit ihrem Erfahrungshintergrund

und ihrem langfristigen Gedächtnis die Parlamente und die Exekutive konkret mitgestalten? Die Älteren könnten mithelfen, um mit den jüngeren Generationen zusammen die Probleme zu lösen, zum Teil auch jene, die sie eventuell mitverursacht haben. So gibt es Seniorenräte, die sich sozial und gesellschaftspolitisch für die Senioren einsetzen, deren Interessen vertreten und die Solidarität zwischen den Generationen fördern.

3.2 Vierte Lebensphase

Menschen im sogenannten fragilen Alter sind indessen eher unsichtbar. Häufig werden sie mit negativ besetzten Themen wie mit dem körperlichen Verfall, dem Kostenanstieg im Gesundheitswesen oder mit der schwieriger werdenden Altersvorsorge in Verbindung gebracht. Wie erleben Hochaltrige ihren Alltag? Was für Schwierigkeiten müssen sie oder ihre pflegenden Angehörigen im Alltag bewältigen? Wo stoßen sie zum Beispiel im öffentlichen Raum auf Hürden und Vorurteile und welche Art von Unterstützung benötigen sie? Welche Erfahrungen können Menschen im hohen Alter einander und Jüngeren mitgeben?

Auch diese Altersphase ist letztlich in den gesamten Lebenszyklus eingebunden. Grundsätzlich ist beim Älterwerden die gleiche Spiritualität Ernstfall wie in den früheren Lebensprozessen zwischen Hingabe an Neues und Aufgeben bzw. Loslassen von Altem. Man bleibt Mensch und wird Mensch. Was denn sonst? Aber der Übergang ins eher pflegebedürftige und abhängige Alter wird laut aktuellen Studien (Ulrich Feeser-Lichterfeld, a. a. O., 22) von den betroffenen Menschen als Bruch zur bisherigen Lebensführung empfunden, als Verlust von Lebensqualität. »Dieser Einbruch ins Altsein wird von den Befragten als ›Ende des Lebens‹ beschrieben, über das es dementsprechend auch nicht viel mehr zu sagen gibt, als dass man sich wünscht, es möge möglichst schnell kommen und dann schnell vorbei sein« (ebd.). Es ist auch zu beobachten, wie Menschen in dieser Phase durchaus auch empfindlich reagieren können, wenn seitens der Kommunen oder der Pfarreien Geburtstagsbesuche mit kleinen »Trösterchen« organisiert werden oder zum Klub für frohes Altern (Altersnachmittage) eingeladen wird. Man wünscht Geselligkeit und freut sich über solche Initiativen, wehrt aber ab, wenn es als betuliche Betreuung empfunden wird. Also doch Defizitmodell? Oder sind es gesellschaftliche Bilder über das Alter, die sich in der Realität widersprüchlich zeigen? Wenn es im Verkehr oder in Museen »Ermäßigungen für Kinder und Senioren« gibt, so fragt man sich, welches Bild sich da mit Alter und mit Jugend verbindet.

Wenn man kalendarisch und statistisch an Lebensjahren zunimmt, können sich angesichts der intensiven Erfahrungen von Grenzen und Endlichkeit durchaus auch Hoffnung und Zuversicht verlieren. Auch der Glaube an ein das Sterben und den Tod überdauerndes »ewiges Leben« kann lautlos verschwinden. Vieles ist eine Frage der noch geschenkten Energien und der schwindenden Lebenskraft. Die Gesundheit wird wichtig; der Abstand zur Familie und zu Freunden wird zum Teil größer. Dadurch steigt die Gefahr der Vereinsamung. Die Belastbarkeit kann verdunsten, ebenso die Reserven für Geduld und für den »langen Atem« im Alltag. Der Organismus ändert sich und der Gedächtnisverlust macht vielfach hilflos. Ändern kann sich auch die Persönlichkeit und man wird gegenüber sich selber fremd und rätselhaft. Und die Rahmenbedingungen des Lebens und früheren Beheimatungen, auch in der Kirche und in der religiösen Praxis, kommen lautlos abhanden. *Werden* versteht sich dann als Herausforderung, sich diesen Lebensprozessen nicht zu entziehen und sie soweit wie möglich zu gestalten, sie zu ertragen und zu verstehen.

Älterwerden zeigt sich auch im Werden und im Wandel der Intelligenz. Der Mensch wird ja mit dem Alter nicht einfach dümmer. Es ändert sich wohl die Art der geistigen Verarbeitung der Lebenserfahrungen. Lernen fällt schwerer. Die schnelle Auffassungsgabe und das gute Gedächtnis lassen nach. Das nennen die Hirnforscher »fluide Intelligenz«. Die nimmt schon ab dem Alter von 25 Jahren ab. Wenn man älter wird, zeigt sich das dadurch, dass Aufmerksamkeit, Konzentration und Reaktion schwerfälliger werden. Es gibt aber auch die sogenannte kristalline Intelligenz, die sich eher im Alter etwa ab 60 Jahren ausprägt wie zum Beispiel Ausdrucksvermögen, Fachwissen und soziale Kompetenz. Sie beruhen auf Übung und Erfahrungen und setzen Gelerntes in Beziehung zu kulturellen Werten. Man vermutet, dass ältere Menschen mit Situationen entspannter umgehen können.

So ist zu wiederholen: Auch Älterwerden ist Werden und will gelernt sein. Es gelingt nicht automatisch. Man erlebt es auch als Arbeit an sich selber. So wird auch das pastorale Handeln für die Verschiedenheit und Vielfalt des Älterwerdens achtsam sein müssen und sich daran messen, inwiefern der Weg mit und zu den älteren Menschen gefunden und wie der Weg mit ihnen gemeinsam gegangen werden kann. Es könnten auf diesen Wegen alle etwas lernen über das Menschsein, das in jeder Lebensphase Ernstfall ist. – Schon das Wort »Alter« weist auf dieses positive Gestalten des Älterwerdens hin. Der lateinische Stamm des Wortes Alter (alere: wachsen lassen, groß werden; altus: hoch, erwachsen, alt) weist schon auf die dynamische Seite dieses Lebensprozesses hin; es bedeutet so etwas wie »höchste Lebensstufe« (altitude, altitudine). Man ist auf dem Gipfel. »Alter« ist somit vom Ursprung der Wortbedeutung her ein Würdename. Auch das lateinische Wort »Senior« (Steigerung von senex) weist in diese Richtung. Allerdings ruft sich auch das Wort »senil« in Erinnerung. Aber vom Ursprung des Wortes her gilt: »Senior« ist ein Mensch, der voll und ganz erwachsen und erfahren ist. Nicht umsonst berief man Senioren in den Ältestenrat, in den »Senat«.

GE-BOTEN
Du sollst
erfolgreich sein
und
– blind für alle Folgen deines Tuns –
reibungslos funktionieren.

Du sollst
nach oben streben,
Ellbogen starr nach aussen richten:
Und bleib auf dem markierten Weg:
da locken glänzend
Schein, Geld und Gesehenwerden.

Du sollst dir Seitenblicke auf die andern sparen:
es geht allein um dich.

Du sollst absterben lassen,
was in dir anderes will oder ersehnt.
Und was nicht sterben will,
in deiner ruhelosen Seele,
das töte ruhig:

Preisgeben ist der Preis.

Wir sollen schnell sein, hasten,
versklavt von Bruder Zeit,
der selber nicht mehr da ist,
weil ihn niemand »hat«.

Und jeder Augen-Blick fürs
JETZT
soll weichen,
damit du
glatt,
erfolgreich,
ohne Hinterfragen
bleibst:
gehorsam den Geboten dieser Welt.

Und wenn du nicht gehorchst?
Dann wirst du unbequem.
Es wird
still werden um dich,
weil sehr viele gehen.

Du darfst dann kurvenreiche Pfade suchen,
irrend manchmal,
vom Ziel getragen.

Du darfst stolpern, hinfallen
und wieder aufstehn' ohne Scham,
denn auch der Staub der Strasse ist dein Freund.

Du darfst bei dir sein,
Bruder Zeit umarmen
und nach INNEN gehen:
dorthin, wo alte Wunden, Schmerzen
weinend darauf warten,
dass du dich
öffnen,
rühren lässt.

Wir dürfen um uns schauen
und nach OBEN träumen,
getragen von den Flügeln dessen,
der uns ewig liebend
unablässig
ruft.

Der Strassenstaub wird Sternenpfad
und unsre Wunden werden
– zart geheilt –
zu Seelengärten,
die ohne Winter blühen.

Wir dürfen Weggefährten finden:
neue, alte
und sind am Anfang und am Ziel.

EIN
Stern,
EIN
Gotteskind,
ein unbequemer Stall
an kurvenreicher Strasse Bethlehems:
und wir sind da,
wo ALLES ist.

Maria-Christina Fernández

III.

Werden im Diesseits von Raum und Zeit

Nach der Rechenschaft über den persönlichen und gesellschaftlichen Stellenwert des Alterns, nähern wir uns dem Thema der Spiritualität beim Älterwerden. Es ist ein spezifischer Werde-Prozess wie alle Lebensphasen auf ihre je eigene Weise. Doch – was meint Spiritualität als Werden?

1. Spiritualität: das Leben in seiner Weite und Tiefe wagen

Spiritualität ist leichter zu beschreiben als gegen alle Missverständnisse geschützt zu definieren. Das ist mit allen großen Worten so. Auf alle Fälle hat sie mit dem lebenslangen Prozess zu tun, bei dem der einzelne Mensch ein sinnerfüllendes Verhältnis zu sich selber, zur Mitwelt und zur Umwelt sucht sowie zu gestalten versucht. Es handelt sich dabei um die in jeder Lebensphase unterschiedlich zu bestehende Lebensprobe der persönlichen Selbstfindung zwischen Aufbruch und Abbruch und zwischen Sich-Einlassen und Loslassen. Dieses Wagnis in guten und in schweren Tagen hat mit dem zu tun, was sich als Sinn oder Unsinn erweisen könnte und mit all der Bereitschaft, das persönliche und gesellschaftliche Leben möglichst bewusst wahrzunehmen und zu seinen eigenen Anteilen selber verantwortlich zu gestalten. So ist jeder Lebensabschnitt ein Werdeprozess, auch das Älterwerden.

»Spiritualität« ist ein Begriff, der innerhalb weniger Jahrzehnte den der Frömmigkeit ersetzt hat. So erinnere ich mich, dass schon vor Jahren sich sogar der »Spiegel« dieses Themas angenommen hat und zwar zur Weihnachtszeit: »Flucht in Spirituelle, Sehnsucht nach Sinn«. Der »Stern« sprach unter dem

Stichwort Religion vom »Menschheitstraum vom Paradies« und meinte damit die Sehnsucht der Menschen nach einem Ort der Harmonie und Glückseligkeit. Damit ist natürlich Spiritualität nicht definiert, wohl aber die Sehnsucht nach Lebenserfüllung signalisiert. Es gibt Hinweise auf geistige Suchbewegungen oder auf Flucht aus der Öde des Alltags. Man möchte der Angst vor der Leere entfliehen. Die großartigen Verheißungen der Aufklärung bzw. des Rationalismus und die rasanten Beschleunigungen der gesellschaftlichen Entwicklungen in den vergangenen Jahrzehnten sind brüchig geworden. Herkömmliche Werte und sogenannte Tugenden meiner Jugendzeit haben ihre Geltung verloren. Ist es ein Werteverlust oder doch eher ein Wertewandel? Esoterik und vielfältige Meditationsformen beerben die tradierten und kirchlichen Frömmigkeitsformen. So versucht man, zum geistigen Energiezentrum oder zur eigentlichen Wirklichkeit erlebnisintensiv vorzudringen, um ein seelisches Gleichgewicht zu finden, sich selbst zu spüren und eigene Dynamik zu befreien. Denn viel angestaute Energie sucht nach ihren Quellen.

Geht der spirituelle »Megatrend« mit seinen religiösen Potentialen an den Kirchen vorbei? Zur gegenwärtigen Stunde unserer Zeit mit ihren Tendenzen zum Individualismus und mit der Gefahr der Singularisierung (Vereinzelung), der medialen und digitalen Beeinflussung des Alltags sowie der Macht der ökonomischen Welt weht den Kirchen ein vielfacher Vorbehalt ins Haus. Die konfessionelle Nestwärme unserer Jugendzeit hat sich für viele zu einer religiösen Restwärme verringert. Manche zeigen eine grundsätzliche Mühe mit Religion als Denksystem bzw. als Doktrin und mit institutioneller Organisation von Religiosität. Darin liegt schon historisch bei älterwerdenden Menschen meiner Generation ein oft einsam durchgetragenes Spannungsfeld: Was früher scheinbar getragen hat, ist zum Teil lautlos abhanden gekommen. Und man ist religiös hilflos und alleingelassen, wenn die Fragen kommen. Die Not mancher Eltern unserer Generation, wenn die Kinder sich kirchlich und religiös distanzieren, wird von der Pastoral wohl zu wenig beachtet.

Aber auch in den Kirchen und im kirchlich-religiösen Umfeld sind viele Suchbewegungen nach spirituellen Quellen und nach intensiver Glaubenserfahrung aufgebrochen. Im Kontrast zur teilweise resignativen oder müden Stimmung und zur geistlichen Austrocknung der kirchlichen Betriebsamkeit entwickeln Sehnsüchte eine Kraft, die sich an Mystik und Solidarität, an der Sorge für die Schöpfung und an einer schwesterlichen und brüderlichen Kirche orientieren. Handauflegung, Frauenliturgie, Heilungsgottesdienste, Meditationen und neue gottesdienstliche Formen und Symbolhandlungen sowie Erfahrungen mit Bibliodrama und Pilgern weisen auf eine Sehnsucht hin nach der unmittelbaren Erfahrbarkeit auch religiöser Symbole bzw. dessen, was einem heilig ist.

Alternative Subkulturen passen durchaus zum Charakter der sogenannten Post-Moderne. Sie wirken als Refugien und Schutzräume, die einen Ausgleich zum rationellen Funktionieren in einer markt- und leistungsorientierten Welt bieten, ohne dass dadurch das gesamte politische, ökonomische und mediale System ins Wanken geriete. Es geht um etwas Atmosphärisches, um ein Klima der Geborgenheit inmitten eines profanen, geschäftigen und undurchsichtigen und doch massiv bestimmenden Umfelds mit seinen Verunsicherungen und kraftraubenden Störungen. Man sucht nach Erfahrungsräumen, wo es noch »für mich stimmt«.

Vielleicht ist noch Folgendes in Erwägung zu ziehen. Die Gesellschaft und insbesondere die sogenannte Geschäftswelt haben recht clever die Ästhetik des Sakralen und womöglich der Mystik den Kirchen schon längst abgeschaut und zum Teil abgenommen. Die »heiligen« Räume haben Konkurrenz erhalten: Konsum-Tempel, Bankgebäude mit ihren »Kirchenschiffen« und »Altarräumen« sowie mit Geld-»Tabernakeln«, Museumsneubauten, Olympiastadien, Bahnhöfe, Ausstellungspavillons etc. Die Adventszeit und Weihnachten mit ihrer Lichtsymbolik, ihrem Kontrast zwischen Stille und lärmigem Stress und mit ihrer Gefühlskraft der geheimnisvollen Erwartungen haben im Ablauf und Gehalt die christliche Bedeutung der »heiligen Zeit« und der »heiligen Nacht« gleichsam enteignet. Das Weihnachtsgeschäft läuft inzwischen recht gut auch ohne Kirchen. Ritualberatung macht der Kirche zum Teil bei ihrem »besten Produkt« – dem Reichtum ihrer Rituale, Bräuche, Segnungen, Sakramente und Sakramentalien – sozusagen Konkurrenz.

Die Tendenz dieser Erlebnissehnsucht mit ihren Bedürfnissen kennt natürlich auch ihre Tücken und Gefahren. Die Unterhaltung wird als Happening selber zum Inhalt, die Sinnlichkeit schafft sich ihren Sinn. Performance ist ihre Kunstform: Lady Gaga ist Meisterin darin. Verfällt die ästhetische Einkleidung nicht geradezu geräuschlos ihrer gemütlichen Verkitschung?

Kann die neue Sehnsucht nach Spiritualität auch eine Reaktion auf eine zu kühl empfundene Kirche sein? Die innerkirchlichen Entwicklungen der letzten Jahrzehnte führten zu einer funktionalen Versachlichung ehemals heiliger Symbole, Räume, Zeiten, Bücher und Geräte sowie geweihter Personen. Die Medien verstärken den Eindruck, dass der Standard der Kirchen Erosion bedeutet. Und die Fusionen der Pfarreien bzw. die Errichtung von Pfarrverbänden führen zu einem nüchternen Betrieb und zu einer Gottesdienstrallye für die Seelsorger. Reagieren nicht gerade ältere Menschen sehr sensibel auf diese atmosphärischen Veränderungen, auch wenn sie Mühe mit ihren Gottesbildern und Kirchenerfahrungen von früher haben?

Demgegenüber suchen doch manche Kirche als Gemeinschaft mit versöhnender Kommunikation, wo Raum gewährt wird für Sinnfragen. Es handelt sich dabei um soziale Verantwortung und persönliche Selbstentfaltung, partizipatorische Kultur sowie um kritisches Bewusstsein im Blick auf Gerechtigkeit, Frieden und Bewahrung der Schöpfung. Sie suchen Kirche als Ort, wo Dankbarkeit und Freude, Mystik und Engagement, eine Aszese der ganzheitlichen Entfaltung und nicht der moralisierenden Abtötung erlebt und gelebt werden dürfen. Für Staunen und Ehrfurcht, für die Fragen nach Gott und die Freude an Gott werden Ausdruckformen und eine neue Sprache ergründet und gesucht, aber auch innerkirchliche Reformen erwartet mit einer Offenheit für das konkrete Leben mit seinen Realitäten.

Ob Megatrend oder nicht, Spiritualität ist ein vielseitiger und schillernder Begriff, der aber zeigt, dass alle Lebensphasen und insbesondere auch das Älterwerden die Lebensprozesse als Werden enthüllen. Für viele Menschen ist Spiritualität bei der Auseinandersetzung mit der letzten Lebensphase und mit dem Sterben von großer Bedeutung. Natürlich sind die Erwartungen und Bedürfnisse ganz individuell, vielfältig und widersprüchlich.

2. Werden zeitigt sich im Rhythmus des Lebens

Im Wandel der Rollen und im Wechsel der Zeitphasen Vergangenheit, Gegenwart und Zukunft erfährt sich der Mensch als identische bzw. dieselbe Person. Und dies zeigt und zeitigt sich zwischen einem von uns unverfügbaren Anfang und einem offenen Ende. Die eigene existentielle Lebens- und Werdegeschichte mit all ihrem menschlichen Reichtum und mit all ihren Lebenslasten mündet in eine offene Zukunft und hoffentlich in ein ewiges Jetzt.

»Zeitigen« birgt ja schon in sich das Wort »Zeit«. Mit anderen Worten: Durch Erfahrungen erwachen das Leben und der einzelne Mensch zu sich selber – und dies stets in der wechselseitigen Spannung zwischen Natur und Kultur bzw. zwischen der Energie der Kräfte und ihrer sinnvollen Gestaltung und Bändigung. Man erkennt – wie schon angedeutet – eine Parallele zum Universum der Schöpfung, die sich auch selber erarbeitet und erschafft und im Bewusstsein und im Gemüt der Menschen zu sich selber aufwacht. Letztlich ist nur über Emotion, über Intuition, über Erfahrung, Erleben, Ahnen und Erkennen zu erspüren und zu vermitteln, was es mit Leben und Lebendigkeit auf sich hat. Menschliche Erfahrung ist die gemeinsame Schnittmenge von Wirklichkeitszufuhr und Wirklichkeitsverarbeitung (vgl. Leo Karrer, Glaube, der das Leben liebt, Freiburg 2014, 20ff).

Die Wirklichkeit in ihrer uneinholbaren und unübersehbaren Weite und in ihrer nie ganz auslotbaren Tiefe ist durch Denken nie ganz zu erhaschen oder gar erkenntnismäßig bzw. rational in Griff zu bekommen. Erfahrung ist somit immer ein Sprung in ein Mehr, dem ich in Raum und Zeit nur fragmentarisch begegnen kann. Ist es mit Diesseits und Jenseits nicht ähnlich? Man kann die Fraglichkeit im Diesseits nicht zur letzten Antwort schlechthin machen und dort trotzig oder mutwillig stehen bleiben und dies noch mit saloppen Sprüchen tarnen. Die denkende Vernunft ist unentbehrliches Medium und Weg, wenn die Realitäten und ihre Herausforderungen uns einholen mit ihren Fragen wie: Wofür öffne ich mich mit meiner ganzen Existenz? Worauf lasse ich mich ein? So ist der Mensch sich lebenslänglich ausgeliefert. Er entkommt sich nicht.

Es zeigt sich demzufolge erst im alltäglichen Leben und beim konkreten Verhalten und Handeln im Jetzt der jeweiligen Gegenwart, wie die »eigene Seele« lebt, wovon sie sich ernährt und warum sie gegebenenfalls unterernährt ist. Frau und Mann legen darin ihre eigene Biographie offen; man setzt sich dadurch sich selber und den anderen aus. Es kommt auf die Dauer an den Tag, ob ich über meine geistigen, emotionalen oder körperlichen Verhältnisse hinaus bluffe oder mich unterschätze; es wird sich abzeichnen, was gute Absichten oder nur taktische Rücksichten waren; es wird mit der Zeit offenkundig, ob ich Freiheit nur konsumistisch in Anspruch nehme oder ob ich Freiheit selber wage und anderen gewähre, ob ich von mir selber erpressbar und damit für Erpressungen von außen anfällig bin; es wird sich zeigen, ob ich nur ernten will oder auch bereit bin, zu säen; es wird sich in »Tat und Wahrheit« ergeben, ob ich egoistisch oder solidarisch, dumm oder gescheit oder vermutlich beides zugleich bin; es kommt an den Tag, ob ich die größte Dummheit begehe, mich und andere zu unterschätzen, oder die zweitgrößte Dummheit, mich und andere zu überschätzen; es wird sichtbar, wo Begabungen und Berufungen verschüttet bleiben oder sich zu entfalten vermochten; es wird offenbar, ob ich an Niederlagen zerbreche oder daran reife und erstarke; es wird bewusst, ob man mit Leidenschaft gelebt hat oder durch Wissen bloß existierte; ob ich mich nur als Opfer der Umstände bejammere oder zu meinen Anteilen selber Hand anlege; es kommt zum Vorschein, in welche Richtung die Balance zwischen Körper und Geist bzw. zwischen Geist und Gemüt sowie zwischen Sinnlichkeit und Zärtlichkeit ausschlägt; und es kommt an den Tag, ob Lebenskraft wirklich Charakter oder nur inzwischen müde gewordenes Temperament oder Naturell gewesen ist. Es wird sich erweisen, was vorzeitig zur Reife forciert wurde und verdorrt oder zu reifen und zu blühen vermochte. Es wird offenbar, wie viele Tode ich im menschlichen Werdegang gestorben bin und welche kleinen Auferstehungsschritte zu mir selber ich zugelassen oder verweigert, verpasst oder aufgeschoben habe. Und vielleicht reut im Sterben dereinst nichts so sehr wie das, was man nicht gelebt oder sich nicht erlaubt hat und was man sich selber schuldig geblieben ist. Es zeigt sich ... Es kommt an den Tag ... Es zeitigt sich ... Es emergiert ...

Um all das und viel mehr sehen und verstehen zu lernen ist notwendig, bei sich zu verweilen und viel mit sich selber und anderen unterwegs zu sein, d. h. im Gespräch und in der Auseinandersetzung zu sein – mit tiefem Ernst und viel Humor. Das geht mir immer noch deutlicher auf, dass wir uns dem öffnen dürfen und sollen, was sich im Verweilen bei uns und mit anderen im Jetzt meiner jeweiligen Lebensphasen zeigen und ansagen oder zur Revision anleiten will. Es ist so fantastisch, einfach zu verweilen und innezuhalten zu dürfen und hellhörig zu werden für die Melodien des Lebens. Der intuitive Geist schenkt dann Weite; der rationale Geist dient ihm.

Es geht um das stets neue und auf jedem Altersniveau zu bewährende Wagnis der eigenen Selbstfindung und Selbstverantwortung. Nicht Status, Geld, Rollen, Gebrauchtwerden und berufliche Anerkennung definieren die eigene Identität, sondern das »Ich selber« beim Altern. Das heißt auch, sich im jeweiligen Heute seiner Vergangenheit zu stellen, denn sie ist unauslöschliches Merkmal und Lehrgeld für jetzt und später. Es hat mit Nachdenklichkeit darüber zu tun, was sich als Sinn oder als Unsinn herausstellen könnte und mit der Bereitschaft, das persönliche und gesellschaftliche Leben als Zeit-Genossenschaft möglichst bewusst wahrzunehmen und zu gestalten und dadurch mithaftbar und zu seinen Anteilen selber verantwortlich zu werden.

3. Im Spannungsfeld zwischen vielen Polen

Diese Werdeprozesse und ihre jeweils meist kleinen Schritte spielen sich im Spannungsfeld vieler Pole ab. Zu denken ist dabei an die individuelle Entfaltung und an die vielen – gleichsam von außen kommenden – Lebensbedingungen und Erbschaften, an Gelingen und an vergebliches Bemühen, an Schuld und Versöhnung mit dem im Leben Unabgegoltenen und Unerfüllten, an Sein und Haben oder an Wollen und Können. Ins Spiel kommen die Vitalkräfte wie Erotik, Sexualität und Sinnlichkeit sowie künstlerische und sprachliche Begabungen und deren sinnvolle und lebensförderliche Gestaltung. Der Mensch schwankt oft zwischen den idealen Selbstbildern und dem drohenden Schlund der eigenen Abgründigkeiten. – Das Leben ist im Alltag weniger ein »Entweder-oder«, sondern eher ein »Sowohl als auch«. Zwischen Weiss und Schwarz gibt es viele Farben. Ist es nicht ähnlich zwischen Frau und Mann: Sie verbinden sich in der Menschlichkeit. Auch Sinnlichkeit und Sinn sind keine Gegensätze, sondern verbindende Pole im Spannungsfeld des Lebens. Auch Natur und Kultur sowie Gemüt und Verstand oder

Leiblichkeit und Geistigkeit sind existentiell ein »Sowohl als auch«, kein »Entweder oder«. Ohne dieses »Sowohl als auch« können wir nicht Gemeinschaft pflegen, nicht hören, reden, fühlen, klären und denken, wollen und träumen ... und das Leben gestalten. Allerdings ist die Natur stärker als die Kultur und deshalb so kulturbedürftig.

Alle Kräfte des Leibes und des Geistes sowie die Bewegungen des Gemüts und Intuition sind mit von der Partie. In der Integration dieser unterschiedlichen Lebensadern und widersprüchlichen Pole läge die Utopie gelingenden menschlichen Lebens, ein Leben als Werdeprozess von der eigenen Mitte her. Dieser Prozess ist offenkundig nur im Fragment sozusagen bloß bruchstückartig zu erleben. Unsicherheit kann quälen und zermürben. Darin liegen auch Ängste, Einsamkeit und Verzweiflung begründet. Man ist auf dem Weg zu sich selber, unterwegs zum eigenen Selbst. Es geht letztlich um Beziehungsverhalten aus der eigenen personalen Mitte heraus, nicht um Haben und Behaupten.

Das weist darauf hin, dass der Mensch sich selbst auch Geheimnis bleibt, das aber subjektiv wie auch räumlich und zeitlich über sich selbst hinauszugelangen und sich über den raum-zeitlichen Moment hinaus zu überschreiten vermag, ohne sich in seinem begrenzten Dasein in Raum und Zeit zu verlieren. Das Subjekt wird gleichsam zum „Objekt" seines Nachdenkens und bleibt doch zu Hause bei sich selber. Und jede Transzendenz (Überschreiten) enthält schon eine Ahnung von Jenseits, im Teil eine Voraussicht auf das Ganze. Der Mensch ist somit von seiner geistigen Mitte (Seele) her Subjekt, das sich selber annehmen und in seinem Dasein bejahen kann. Es kann sich bewusst und gestaltend verhalten und sich über sein Verhalten Gedanken machen. In diesem Sinn wird der Mensch selbst-verantwortlich, auch dann, wenn er sich dieser Verantwortung verweigern würde und sich nicht öffnete.

Lebenssinn lebt und wird erlebt, indem man sich öffnet und freigibt, sich einlässt und wachsen lässt bzw. sich hingibt dem, was sich zeigen und letztlich schenken lassen will. Ist der Mensch nicht zutiefst das zur freien Hingabe als freie und angenommene Beziehung sowie zur Liebe und zur Versöhnung fähige Wesen? Indem wir ein Verhältnis zu uns selber und zu den Mitmenschen und zur Umwelt suchen und verantworten, kommen wir uns selber auf die Spur, werden wir für uns selber empfänglich und dadurch der anderen inne. Lebenskunst und Lebenskultur sind somit jene Gesinnung und Haltung, mit denen man in der jeweiligen Gegenwart sich der Wirklichkeit in Raum und Zeit stellt. Und es stellt sich die Frage, ob nicht im Diesseits in kleinen und oft auch zweifelnden Schritten schon Hingabe in »Mein Jenseits« (Martin Walser) lebt.

4. Viele kleine Schritte im jeweiligen Heute: Loslassen und Hingabe

Das Leben bewährt sich somit als ein Werden zwischen Loslassen und Hingabe ... auch ins Unvermeidliche. Älterwerden ist davon spezifisch geprägt.

Nichts ist dann zu klein oder zu unbedeutend. Je mehr man in der Banalität des grauen Alltags solche Wege begeht, können sie zu Erfahrungen ermutigender Schritte werden. Es wird zu einem Prozess, in dessen Verlauf das Frühere und das Gewordene zwar nicht zu haben und zu konservieren sind, aber weiterhin sich vertiefen und entfalten oder korrigieren wollen. So kann der schon begangene Weg der Vergangenheit nicht zum Besitz werden, außer man bliebe stehen, wohl aber zum Vertrauensvorschuss und Erfahrungsschatz (Weisheit) für den noch ausstehenden Weg, was vielleicht mit Hoffnung und Verheißung umschrieben werden kann. Dass dies sich schenken mag, liegt durchaus auch in der Verantwortung und zum Teil in der Hand des einzelnen Menschen. Das ist nicht aus dem Auge zu verlieren.

Es geht um die Kultur des Lebens, indem wir lernen zu kämpfen und zu gestalten, zu verweilen, zu meditieren, dankbar zu werden, die Freude zu hüten und dem Staunen Atmosphäre und Zeit zu schenken und indem wir die Tapferkeit wagen, uns loszulassen, zu verzeihen und sich verzeihen zu lassen. Dann wird der Mensch aus dem eigenen Gehen, Suchen und Erleiden heraus zu einem Fackelträger, der nicht nur ein leuchtendes und wärmendes Licht in den eigenen Händen trägt, sondern nicht anders kann und will, als das Licht weiterzugeben. Dieser Weg muss sich nicht nur im Eintreten für eine gerechtere Wirtschaftsordnung, für die Überwindung ungerechter politischer Systeme und von Rassismus oder im konkreten Engagement für eine glaubwürdige Kirche bewähren, sondern schon im alltäglichen Detail des gewöhnlichen und banalen Lebens.

In diesen Furchen des gewohnten Lebens ist christliches Verhalten der Ernstfall. Es kann eventuell schon ein Zeichen christlicher Spiritualität sein, einander wenigstens im Anstand aus dem Weg zu gehen, wenn es nicht anders geht. Dass Meditation, Gebet und das klärende Gespräch dabei spirituelle Hilfen sein können, sei nicht nur am Rande erwähnt. Vielleicht haben sich unsere Überlegungen allzu sehr in Einzelheiten verloren. Spiritualität im Umgang mit der Zeit als Lebenskunst ist weiß Gott keine Erfolgstechnik gegen Lebensenttäuschungen und gegen Lebensbehinderungen, sondern das, wovon die Seele jetzt lebt und sich in der Gegenwart nährt und bewährt.

Das »Vater unser« gibt uns einen feinen Hinweis. Bei der Bitte um das Brot und die seelische und körperliche Nahrung, die wir im Leben brauchen, heißt es nicht: »Gib uns bald oder in Zukunft das Brot«, sondern »gibt uns unser tägliches Brot heute …« Weder Flucht in die Vergangenheit noch Vertröstung auf Zukunft hin hilft, sondern Ernstnehmen der Gegenwart, das Leben und Verweilen im Jetzt und im Tun des Möglichen.

Dies zeigt sich insofern, als der Mensch sich ins Leben hinauswagt, aber auch trotz aller Brüchigkeit der Lebensentwürfe und bei allen Hindernissen auf den Lebenswegen seinen eigenen Weg wagt. Dann bleibt er nicht gefangen im Auf und Ab von

Vergangenheit und Zukunft, sondern öffnet sich für ein Heute, das er nicht flieht. So zeigt sich, was es mit »Leben in Fülle«, mit Dankbarkeit und Staunen und in allem mit Liebe auf sich hat. Wir hoffen, dass die Grenzen in Raum und Zeit nicht absolut tödliche Grenzen sind, sondern lebendige Orte der Sehnsucht nach dem Ganzen bzw. nach der Tiefe des Lebens – wenn auch nur erfahrbar im Fragment. Ist nicht gerade das Älterwerden davon gekennzeichnet? Wird dann Vergänglichkeit nicht auch zum Gewinn als Freiheit für neues Werden?

5. Sehnsucht nach dem »Ganzen« im Fragment

Sind für unsere Orientierung Spuren zu finden, die sich für die weitere Wegsuche als schöpferisch erweisen können und zur Verheißung werden?

In unserem alltäglichen Leben sind wir verständlicherweise von unserem individuellen Kontext geprägt, vom einzelnen Geschehnis, vom Detail. Diese erlebnismäßige Selbstbezogenheit führt den Menschen allerdings dazu, sich im Mittelpunkt des Ganzen zu sehen und von seiner subjektiven Warte und von seinen eigenen Erfahrungen her zu bewerten und zu beurteilen. Auch der Sinn des Lebens wird nur fragmentarisch im Detail zugänglich, ist nicht im Teil vollends zu dechiffrieren. Sinn lässt sich in dem Mass erfahren, als der einzelne Mensch sich in den Kontext des Ganzen einfügt und sich auf die Wirklichkeit in ihren Zusammenhängen einlässt. Sie ganz einzuholen gelingt indessen nie.

So hat sich auch das naturwissenschaftliche Denken dahingehend korrigiert, das Universum nicht mehr nur als die Summe aller seiner Einzelteile zu begreifen, sondern als Ganzes, während es sich früher auf die Eigenschaften der Einzelteile konzentrierte. Was als Teil bezeichnet wurde, entpuppte sich als Muster innerhalb eines untrennbaren Gewebes von Zusammenhängen. Es ist wie ein Baum, der nicht nur aus Wurzeln, Stamm und Ästen besteht, sondern bedingt ist durch die Beschaffenheit des Bodens und der Luft, des Klimas und vieler Einflüsse. Besonders deutlich wird das auf dem Gebiet der Ökologie, weiß man doch, dass Eingriffe an einer Stelle der Natur das gesamte Ökosystem beeinträchtigen. Viele heutige Wissenschaftler betrachten den Kosmos bzw. die Natur als ein einziges großes sich selbst organisierendes System, das sich in unendlich vielen Anläufen – fast nach dem Prinzip »trial and error« (Versuch und Irrtum) – ausdifferenziert.

Beim Menschen erfolgt nun ein qualitativer Sprung insofern, als er gegenüber diesen Gesetzen und Prinzipien bis zu einem gewissen Grad zur Selbstbestimmung findet. Aufgrund seiner Geistigkeit ist er befähigt, über sich selbst nachzudenken, sich seiner selbst bewusst zu werden, seiner Fähigkeiten innezuwerden und sich im Teil zu verselbständigen. Gedanklich wird er gleichsam zum »Objekt« seiner geistigen Fähigkeiten. Das setzt ihn in die Lage, sich als Teil vom Ganzen zu unterscheiden – in Gedanken. »Wer sich aber im Übermaß als Teil absetzt vom Ganzen, zerstört das Gleichgewicht des Ganzen, zerstört folglich seine Umwelt, und in letzter Konsequenz sich selbst« (vgl. Werner Heisenberg, Der Teil und das Ganze. Gespräche im Umkreis der Atomphysik, München 1969, 280–293; Carl Friedrich von Weizsäcker, Der Garten des Menschlichen, München 1977; ders., Bewusstseinswandel, München – Wien 1988).

Besonders beim Menschen ist diese Teilautonomie zur Freiheit des denkenden und Strategien entwickelnden Wesens geworden. Diese Freiheit hat nun einen solchen Siedepunkt erreicht, dass wir Menschen in der Lage sind, das ganze System wenigstens unseres Planeten zu zerstören, woraus auch wieder die Verantwortung für die Geschichte resultiert. Zu dieser Rücksicht können wir nur bereit sein, wenn wir vom Bewusstsein durchdrungen sind, dass wir tief eingebunden sind in ein Ganzes.

Parallel dazu ist die Entwicklung in der Menschenrechtsdiskussion zu sehen, die ja – zu Recht – von den individuellen

Menschen*rechten* ausgegangen ist. Aber diese Individualisierung darf nicht auf Kosten des »Anderen« (Emmanuel Levinas), der Natur und des Kosmos gehen. Insofern wird nun in Ergänzung zu den Menschenrechten auch von den Menschen*pflichten* gesprochen, denn das Individuum wird seine eigene Freiheit und Selbstentfaltung nicht gewährleistet sehen, wenn nicht Solidarität, Gleichheit und Gerechtigkeit insgesamt verbindlich werden.

Auch entwicklungspsychologisch ist uns bewusst geworden, wie sehr der einzelne Mensch zu seiner persönlichen Entfaltung und Selbstfindung der je anderen bedarf. Martin Bubers berühmtes Wort sei dafür Bürge: »Du-sagend werde ich erst ich«. Wenn mein Mitmensch, das Du wächst, wachse auch ich. Je mehr ich in der Lage bin, mit anderen in Beziehung zu treten, fördere ich das Menschliche auch in mir selber. Man wird in einem gewissen Sinn zu dem, dem man sich öffnet und worauf man sich einlässt. Man entdeckt auch schlummernde Kräfte, die noch geweckt werden wollen. Wir müssen auch nicht unsere Sehnsüchte, Wünsche und Fragen tarnen, sondern dürfen sie ehrlich ins Spiel bringen.

6. Freigabe in die Tiefe des Daseins

Auch die religiöse Deutung und die Sinnfindung des Lebens sind ins Ganze eingebunden, aber nur in konkreten und begrenzten Zugängen zu finden. Darin liegt die Bedeutung vom Glaubens-Gemeinschaften bzw. Kirchen. Religiosität hat damit zu tun, dass man sich im bruchstückartigen Lebensbereich loslassen kann ins unbegreiflich Ganze, das Geheimnis bleibt. Ob man dann begrenzt, eingeschränkt, krank oder behindert, jung oder alt ist, subjektiv wird in diesem ganzheitlichen Horizont Sinn, Fülle, Frieden erfahren.

Die folgende Überlegung ist mit der vorausgehenden engstens verknüpft. Auch für die religiösen und spirituellen Suchbewegungen zu Beginn des dritten Jahrtausends inspiriert das eben Angeführte eine neue Geisteshaltung: nicht nur hin zu einer Schau der Ganzheit und in diesem Horizont die Aufmerksamkeit für das Detail, sondern auch eine Verlagerung von einem pragmatisch-nützlichen Denken des Habens zur Öffnung für die Dimension des Lebendigseins, des Werdens, des Wachsens und des Reifens. Es ist eine Bewegung zu einer Ethik, die sich im Ablauf der geschichtlichen Entwicklung für den Fortbestand des Lebens verantwortlich weiß und in Pflicht nehmen lässt (Viktor Frankl, Erich Fromm).

Angesichts der Suche nach »paradise now« (Faulhaber), auf schnelllebige Sofortbefriedigung unserer Bedürfnisse und des Zwangs, möglichst alles schon in der Gegenwart zu erreichen, vermitteln die großen religiösen Traditionen die Sensibilität für Geduld und Gelassenheit sowie das Bewusstsein für den Wegcharakter menschlicher und gesellschaftlicher Entwicklungen und lebensnotwendiger Ziele. Der Sinn für die begrenzten Schritte großer Anliegen lässt nicht müde werden, auch wenn es Widerstände gibt. Vielmehr bleibt man dem Anliegen treu, auch wenn sich dessen Einlösung verzögern mag. Es geht also nicht um eine stoische Ruhe, sondern um eine aktive Gelassenheit, um innere Wachsamkeit, die sich auf die Gesetze und Prozesse des Werdens und Wachsens einlässt. – Damit verbindet sich auch Unverdrossenheit, wenn es um wichtige Herausforderungen und um entscheidend Menschliches geht. Man gibt nicht beim Widerstand der Realitäten auf noch verliert man sich in ihnen.

Spiritualität wäre somit in diesem Umbruch oder Wandlungsprozess gleichsam eines der Schlüsselworte, mit dessen Hilfe danach gesucht wird, was denn nun das Ganze oder Universale im Detail der Einzelerfahrungen sei, was bei allen berechenbaren Teilen das universal Gültige ist.

Wenn dem so ist, dann kann kein ehemaliges traditionelles Denkschema oder das System einer einzelnen Wissenschaft oder eines Modells von Problemlösungen der ganzen Variationsfülle der Wirklichkeit gerecht werden oder auf sie übertragen werden. In seinem berühmten Buch »Wendezeit. Bausteine für ein neues Weltbild« formuliert Fritjof Capra: »Eine der Hauptlektionen, die Physiker in diesem Jahrhundert lernen mussten, war die Einsicht, dass alle Begriffe und Theorien zur Beschreibung der Natur Grenzen haben. Wegen der wesentlichen Begrenztheit des rationalen Verstandes müssen wir akzeptieren, was Werner Heisenberg so formuliert, dass nämlich jedes Wort oder jeder Begriff, so klar er uns auch scheinen mag, doch nur einen begrenzten Anwendungsbereich hat. Wissenschaftliche Theorien können niemals eine vollständige und definitive Beschreibung der Wirklichkeit liefern. Sie werden stets nur Annäherungen an das wahre Wesen der Dinge sein. Um es grob zu sagen: Wissenschaftler befassen sich nicht mit der Wahrheit, sie befassen sich mit begrenzten und annähernden Beschreibungen der Wirklichkeit« (München [4]1995, 47). Die Wahrnehmungen und Erfahrungen sind somit nicht einfach Definitionen des nun ein und für allemal Gültigen, sondern offene Prozesse. Wahrheit kann nicht einfach schematisch definiert werden, sondern ist einsichtig und dialogisch zu ergründen. Man kann sich ihr nur annähern, aber sie nie abschließend vereinnahmen. Zudem lebt Wahrheit erst dann, wenn sie Wahrhaftigkeit wird, wenn sie getan wird.

In diesem Kontext sei ein Plädoyer für das Gemüt eingeflochten. Nicht umsonst hat sich die Romantik gegen den Alleinanspruch der Vernunft im Gefolge der Aufklärung gewehrt. Es geht um die Empfindsamkeit für all die Tonarten des Daseins zwischen Leben und Tod, zwischen Optimismus und Pessimismus sowie zwischen Realitätssinn und Möglichkeitssinn. Gerade beim Älterwerden gilt es, das Gemüt von der eigenen Mitte her zu verstehen und seine Regungen anzunehmen und zu gestalten, ohne in die hintergründigen Fallen zu tappen. Denn das Gefühl kann auch zu einer trüben Quelle werden und aufs Gemüt schlagen. Aber in ihm leben auch Leidenschaft, Lebensglut, Zärtlichkeit, Freude, Sinnlichkeit, Erotik, Empfindsamkeit, Begeisterung und das, was wir im Alltag Herzensbildung nennen mögen mit all dem, was uns am Herzen liegt.

Dies ist deshalb zu beachten, weil sich auch diesbezüglich seit unserer Jugendzeit große Veränderungen angebahnt haben, die atmosphärische Auswirkungen haben; die ältere Generation nimmt sie als Chance und als Gefahr oder als Verlust wahr.

Es nehmen Tendenzen zu, die das Gefühl zu vermessen und zu berechnen versuchen. Heute arbeiten Wissenschaftler daran, technisch lesbar zu machen, was Menschen bewegt und umtreibt. Sie vermessen Mimik, Sprache und Gestik und erschaffen Avatare bzw. »künstliche« Personen, die auf echte Menschen reagieren. Wird dadurch das Gemüt virtuell gehandhabt? Wird dann das Gefühl nicht zur Ware und zur Etikette?

Ein anderes Beispiel mag die sogenannte moderne Kommunikation sein. Vorweg sei positiv vermerkt, welche Chancen die weltweite digitale Kommunikation bietet. Aber die Kommunikation hat sich selber verändert; Selfies sind ein Symptom dafür. Die früheren Fotoalben und Familienfotos waren noch fotographische Gedächtnisse und intergenerationeller Brückenschlag. Heute sind Bilder und digitale Kontakte Wege und Mittel für unmittelbaren Kontakt, der schon im nächsten Moment entsorgt zu sein scheint. Diese zwei Beispiele erinnern an den Roboter und an Drohnen. Es scheint erst ein Anfang zu sein für weiter reichende Entwicklungen, deren Ergebnisse schwer einzuschätzen sind. Es wird alles unübersichtlich in der Vielfalt des Lebens; und im Alter wird man zudem schwerfälliger oder traut sich fatalerweise zu wenig zu.

Gibt es einen Weg, der Mut macht, sich auf die Suche nach dem Ganzen einzulassen, auf die Tiefe bei aller Fragmentarität des Lebens? In den folgenden Abschnitten geht es um den Versuch, vom Lebens- und Werdensweg Jesu und seiner Botschaft eine Spur zu ahnen, die im ganzen Leben vor allem auch beim

Älterwerden zu tragen vermag. Es geht um die Quellen der Hoffnung.

7. Der Mensch stellt Fragen und ist sich selber Frage

Was tröstet nun beim Älterwerden, dass selbst Loslassen und Abschied »Werden« und »Wachsen« bedeuten können? Die Botschaft Jesu weist uns einen Weg.

Was ist der Kern der christlichen Botschaft? Wenn wir auf den Kopf zu plötzlich gefragt würden, wie mit einem Satz unser christlicher Glaube zusammengefasst werden könnte ... wie würden wir antworten? Stammeln? Verlegenheit? Wir würden vielleicht sagen: Wir glauben an Gott, an Jesus Christus, an das Evangelium, dass Gott es mit uns Menschen gut meint. Alle diese Formulierungen wären richtig. Aber damit fängt das Fragen erst an.

Trotz der Krisen mit dem traditionellen Glauben und trotz der Mühe, die viele Zeitgenossen und -genossinnen mit den Kirchen bekunden, ist die Frage nach religiöser Orientierung nicht verebbt. Vor einigen Jahrzehnten meinten manche Gesellschaftstheoretiker und Soziologen vorlaut, dass das Ende der Kirchen und des Christentums nur noch eine Frage der Zeit wäre. Sie haben sich gründlich und zwar mit wissenschaftlichem Anspruch verrechnet. Suchen nach Lebenssinn und religiöser Orientierung ist vielfach festzustellen. Viele Bewegungen innerhalb und außerhalb der Kirchen weisen in diese Richtung, wenn auch oft inkognito. Es sei erinnert an die esoterischen Suchbewegungen; an die Vorstellungen von Reinkarnation und Wiedergeburt; an den unübersehbaren Markt an Meditations-Angeboten und die oft diffuse Sehnsucht nach ganzheitlicher menschlicher Lebenserfüllung. Es gibt fundamentalistische Strömungen mit zum Teil sehr unterschiedlichen Ansätze: Die einen klammern sich an den Wortlaut der Bibel oder an die kirchliche Autorität oder sie betonen kategorisch die Doktrin. Andere suchen nach erlebnisintensiver Religiosität wie zum Beispiel die Weltjugendtreffen mit ihren Events und Begegnungen oder spirituelles Coaching. Und mit all diesen zum Teil überraschenden Formen vermischen sich Anteile von frei »herumschwadronierender« Religiosität. Menschen sagen, sie wären religiös, weil sie in der Natur, auf den Bergen, in Beziehungen, bei Musik oder in der Kunst religiöse Gefühle erlebten. Ich denke, das darf sein und muss nicht nur kritisch gesehen werden. Es sind Such-Bewegungen und Ausdrucks- und Erlebnisformen von Menschen. Gleichwohl ist nicht zu übersehen, dass es oft religiöse Erlebnisweisen sind, die gefühlsmäßig genossen und gekostet werden können oder die nach eigenem subjektivem Gutdünken eine Religion à la carte darstellen. Gar oft erscheinen manche religiöse Praktiken wie eine subjektive Erlebnisnische an den Grenzen unserer Vorstellungswelt, aber ohne Transzendenz, d. h. ohne Bezug zu Gott.

Der Weg ist oft nicht weit zu jener Verlegenheit mancher Zeitgenossen und Zeitgenossinnen, für die der christliche Glaube keinen Sinn macht, weil für eine Gottesvorstellung keine rationellen Gründe gegeben scheinen. Der christliche Glaube wolle nur Trost vorgaukeln in der Hoffnung auf ein glückliches Jenseits. Aber letztlich sei Gott die Erfindung des unruhigen menschlichen Herzens, das so etwas wie die Formel Gott für das seelische Gleichgewicht brauche. Gott sei so etwas wie ein Lastenausgleich in unserer ungerechten Welt, letztlich aber doch Produkt der Trost- und Sinnbedürftigkeit der Menschen. Gott gäbe es nur in unserer menschlichen Phantasie: nach unserem Bild. Oder Gott wird im Namen des unverdaubaren Leides und Bösen in der Welt weggeglaubt. Wenn er nichts gegen das Leiden unternehme, sei er nicht allmächtig. Wenn er nichts gegen das Leiden tun wolle, sei er böse. Man kennt diese Einwände. Zudem, so argumentiert man, die Praxis derjenigen, die sich Christen nennen, zeige genug, dass der Glaube an einen »lieben

Gott« keine Veränderung bewirke. Der Glaube ist praktisch ohne Bedeutung und Wirkung. Kirche ist vielfach »out«. Und manche vergessen, dass sie Gott vergessen.

8. »Zu wem sollen wir gehen?« (Joh 6,68)

Diese Fragen wiegen schwer. Und wer kann von sich sagen, dass die eine oder andere Überlegung und mancher Zweifel nicht in seinem Herzen selber nagten. Das erging schon der Umgebung Jesu von Nazaret so, selbst seinen Jüngern, den späteren Säulen der werdenden Kirche. Jesus war nicht in klaren theologischen Sätzen und Dogmen zu fassen. Seine Person und sein Wort waren nicht gegen Missverständnisse gefeit. Vielfach lautete schon damals das Rätseln und Fragen: »Wer ist denn dieser« (Mt 21,10), wie zum Beispiel beim Einzug Jesu in Jerusalem, als die Stadt in Wallung und Begeisterung geriet ob seines Kommens. Und kein Geringerer als Johannes der Täufer lässt aus dem Gefängnis fragen: »Bist du es ... oder sollen wir auf einen anderen warten?« (Mt 11,3). Man staunte auch in seiner Heimatstadt, wo man ihn ja kannte und ihn trotzdem nicht verstand. Sie fragten: »Woher hat er diese Weisheit und diese Kraft, Wunder zu wirken? (Mt 13,54). Und selbst Pilatus rang um Jesu Geheimnis: »Woher bist du?« (Joh 19,9).

Gehören nicht auch wir zu jenen, die suchend, zweifelnd, ringend, sehnsuchtsvoll oder innerlich religiös sehr angesprochen selber die Frage stellen und auszuhalten lernen müssen: Wer ist denn dieser? Bist du es, auf den wir alle Karten setzen dürfen? Dürfen wir uns ganz auf dich verlassen und an dich halten mit all unseren Lebens- und Sterbefragen? Vielfach spiegeln bei älteren Menschen solche Fragen die verletzenden Erfahrungen mit Kirche in der Jugendzeit wieder. Man kann nicht vergessen. – Wie könnten wir versuchen, darauf eine Antwort zu geben bzw. eine Wegrichtung zu finden?

Vielleicht philosophisch über die höchsten und tiefsten Anstrengungen unseres Verstandes und aller wissenschaftlichen Bemühungen. Aber all die großartigen und zweifelhaften Ergebnisse der Wissenschaften, die für manche Religionsersatz zu sein scheinen, vermöchten nicht den Lebenssinn zu dechiffrieren noch eine gerechte Welt und Lebensglück zu konstruieren. – Und wer behauptet, nach dem Tode sei alles aus und dass für eine Instanz wie Gott keinerlei Platz mehr sei, der ist doch denkerisch mindestens so sehr in Beweisnot wie jene, die genau zu wissen vorgeben, wie es nach dem Tode weitergeht. Wir sehen, auf diesem Weg geraten wir nur noch tiefer in das Geheimnis hinein, das sich nicht wie ein Rätsel auflösen lässt. Und angesichts der Glückssuche und der grauenvollen Leiderfahrungen der Menschen, angesichts der großen und offenen Lebensfragen wüsste ich nicht, wie ich meine Hoffnung auf einen Gott nach unserem Bild und unserer Vorstellungswelt stellen sollte. Auch mit dem Gott der Philosophen kann ich nicht leben und möchte ich nicht sterben. – So stellt sich uns wie schon den Jüngern/innen Jesu die Frage: »Herr, zu wem sollen wir gehen?« (Joh 6,68). – Vielleicht liegt das Geheimnis darin, nicht die Frage nach dem sachlichen Was des christlichen Glaubens zuerst zu stellen, sondern nach dem Wer einer Beziehung. Nicht was gibt mir der Glaube, sondern wer kommt mir im Glauben entgegen? Auf wen setze ich mein Lebens-Vertrauen? Nicht die Lehre macht den Glauben aus, sondern eine Beziehung, in der ich mich öffne und erreichen lasse für das, was es mit dem Weg und der Botschaft des Menschen Jesus von Nazaret auf sich hat. Wir sprechen zwar in Bildern, Gleichnissen und Symbolen. Aber sie schaffen Zugänge und verweisen auf Quellen.

Gibt es also für die Menschen einen Verlass, der selbst in Leid und Sterben nicht verlässt? Gibt es einen gelungenen »Modellfall« des Menschseins, der trotz aller Widersprüche des Lebens, trotz Leid, Scheitern und trotz Sterben »Leben in Fülle« verkündet und uns in Aussicht zu stellen vermag bzw. verheißt?

Schenkt sich Hoffnung in unserem Leben, auch wenn unsere Warum-Fragen keine abschließende Antwort erhalten. Wir Menschen stellen nicht nur Fragen, wir selber sind die Frage, so der unvergessliche Theologe und Mystiker Karl Rahner. Gibt es einen Weg bzw. einen Glauben, der Mut zu den Fragen des Daseins macht und Hoffnung für den Langstreckenlauf des Lebens weckt?

PLÖTZLICH
Wirst Du noch Da-Sein,
HERR,
wenn ich der Blumen Namen nicht mehr kenne?

Wenn Strassen,
die ich lebens-lang gegangen
mir zum Labyrinth entfremden?

Und wenn ich meines liebsten Menschen Namen
nicht erinnere?

Nur Nebelschwaden da sein werden,
manchmal von
fernem Sonnenschein erhellt?

Wirst Du noch Da-Sein,
HERR,
wenn meine Lieben
meinetwillen,
ihretwillen
hadern, zaudern, weinen?

Wenn all die klugen Worte,
all das Gelebte:
Hoffen,
Wagen,
Kämpfen,
all die Lebensgüte
scheinbar
haltlos versinken?

Und was ist mit den Gärten meiner
Freuden, Farben,
voll Lachen, Liedern,
den schweren und den guten,
tiefsatt froher Stunden,

die mir
hinaus in fremde See
entgleiten?

Ich weiß es nicht,
mein HERR und Gott.

Doch gibt es da ein Wort,
das weiß und kenn ich noch,
spür' ich wie Vogelschwingen
zart-ganz in mir.

Es ist die
LIEBE
und
DA
bist
DU.

Maria-Christina Fernández

IV.
Älterwerden: Werden in Hoffnung

Damit stehen wir an Grenzen, vor Mauern, die sich nicht einfach als Abgrund und als Dunkel erweisen, sondern als Wege zum Licht und als Tore, die sich öffnen und die Sicht für die Tiefe des Daseins weiten. Leben offenbart die Verheißung einer Geburt.

1. Das spezifisch Christliche: das entscheidend Menschliche

Ohne religiöse Dimension ist die Tiefe unserer Fragestellung in der unübersichtlichen Weite des Lebens nicht zu erfassen. Mit großer Dankbarkeit, dass sich diese »Vision« in einem lebenslangen Prozess eröffnet hat, soll dies mit der Orientierung am Lebensweg Jesu und an seiner Botschaft gleichsam gestammelt werden. Meine religiöse Muttersprache ist das Christentum. Es ist mir auch biographisch und gefühlsmässig zur »Heimat« geworden. Zudem war mir beruflich viel Raum geschenkt, mich den Fragen um Glauben und Unglauben auszusetzen. Das war und ist ein Privileg.

Das Leben grundsätzlich und das Älterwerden als letzte Lebensphase werden von der biblischen Botschaft und letztlich vom Gott Jesu her gedeutet und vertieft. Von Gott her, wie Jesus von Nazaret von ihm Kunde gebracht hat, ist jeder Mensch in der Tiefe seines Daseins bejaht und geliebt. Und Gott bleibt treu – über die Grenzen von Raum und Zeit hinaus. Christliche Spiritualität beleuchtet und prägt all die oben genannten Prozesse und Lebensvorgänge aus diesem Glauben und aus dieser Hoffnung heraus. Sie gibt nicht beim Widerstand der Realitäten im jeweiligen Jetzt mit seinen Mächten auf. Sie geht auch nicht in ihnen auf, sondern sie stellt sich der Wirklichkeit und schenkt Kraft zur lebenslangen Menschwerdung. Es kann nicht genug betont werden, dass aus einem solchen Verständnis heraus gerade Christinnen und Christen realitätsmutig, ja geradezu wirklichkeitssüchtig und Zeit-aufgeschlossen sein dürfen. Sie gewinnen den unwahrscheinlichen Mut, die eigene Zeit zu nutzen, um selber Hand anzulegen für eine versöhnlichere Gesellschaft, für die Kultur der Solidarität und für eine humanere Innenarchitektur der Welt sowie für eine persönliche Lebensgestaltung im Licht einer geschenkten Hoffnung.

Christliche Lebensorientierung meint auch keine Flucht in die Vergangenheit, wie es ein fundamentalistischer Traditionalismus nahelegt. Sie ist auch keine Flucht in eine idealisierte Zukunft und heile Welt, sondern das Wagnis, die Gegenwart als Ort der Dienstanweisungen Gottes ernstzunehmen. In diesem Kontext sind auch das Alter und das Altern zu deuten.

Mit christlicher Lebensdeutung ist das Gestalten oder Aushalten des persönlichen und gesellschaftlichen Lebens aus dem Geiste Jesu bzw. die Orientierung in den unterschiedlichen Lebensvollzügen aus dem geschenkten Glauben heraus angesprochen. Es ist die innere Wachheit im alltäglichen Leben für das, was Glaube, Hoffnung und Liebe zutiefst deuten und praktisch bedeuten. Wenn auch christliche Spiritualität als offener Prozess der Menschwerdung antifundamentalistisch ist, d. h. gegen einseitige und rigorose Interpretationen, so bedarf sie doch des Fundamentes und der Treue gegenüber ihren Ursprungsquellen.

So gibt es eine variable Fülle von Verständnissen dessen, was spiritueller Umgang mit Zeit in den Gezeiten des Lebens meint. Christliche Grundelemente sind die Offenheit für den Geist Jesu und die Offenheit für die Realitäten menschlicher Existenz. Jeder Mensch ist von Gott her in Liebe bejaht und bei seinem unaustauschbar eigenen Namen gerufen. Das bedeutet auch eine letzte Einsamkeit, das Beisichsein und eine Distanz gegenüber entfremdenden Mächten und ihren Einflüssen. Es geht nicht um den Rückzug in eine biedermeierliche Idylle, sondern um die Rückkehr zu sich selber, zu den Quellen und zur eigenen Mitte im Horizont einer Hoffnung, von der her zu leben versucht wird.

Anderseits lebt eine so verstandene Lebensorientierung als Zeitgestaltung im jeweiligen Jetzt auch von der »Hinkehr« zu den anderen Menschen, zur Gemeinschaft, im Du-Werden. Nur in Kommunikation mit anderen erwachen wir zu uns selber, schenkt sich uns das Wort der Hoffnung. Auch im Glauben sind wir Wesen, die der anderen bedürfen. Austausch mit anderen und Weggenossenschaft, die ermutigen, klären, kritisch korrigieren und tragen, sind unverzichtbar. Darin liegt oder läge der Charme von Kirche und konkreter Pfarrei, von Basisgruppen, Vereinen, Klöstern mit all ihren Chancen und Instrumenten, nämlich Raum und Klima zu gewähren für den Dialog über Fragen nach Gott und für das Ringen um die Gottesfrage. Dies beinhaltet auch das oft notvolle Suchen nach Gott bis hin zum Gebet und zur seligen Freude an Ihm – und dies in der Spannung zu den Menschenfragen unserer Zeit und der begrenzten Zeitlichkeit. Die Botschaft Jesu meint letztlich jene erfüllte Menschlichkeit, die in allen Menschen zur Entfaltung und zur Erfüllung ruft.

2. In allem die Liebe: Einheit von Menschen- und Gottesliebe

Die Grundachsen christlicher Zeitgestaltung sind die Gottes- und die Menschenliebe (Karl Rahner, Über die Einheit von Nächsten- und Gottesliebe, in: Schriften zur Theologie VI, Einsiedeln ²1968, 277–298). In der Logik unserer Überlegungen erfüllt sich unsere Lebenszeit insofern, als sie zum Tat-Ort und zur Tat-Zeit der Liebe wird, d. h. zur Liebe führt und von ihr geführt wird. Was gegen die Liebe ist, ist gegen das Leben der Menschen und letztlich a-theistisch, gegen Gott. Erst im Tun, im Handeln und Verhalten aus solcher Liebe heraus oder im Ertragen und Erleiden seiner selbst, der Mitmenschen und widriger sowie fröhlicher Lebenserfahrungen findet der Mensch zu sich selber.

Auch die Wahrheit des Glaubens wird nicht zuerst an Dogmen und Glaubenssätzen, sondern an ihren Früchten erkannt. Die Weisungen Jesu sind auch eindeutig: Gottesdienst ohne Menschenliebe ist seiner Botschaft entgegengesetzt: »Wenn du deine Gabe auf dem Altar opfern lässt und dich dort erinnerst, dass dein Bruder etwas gegen dich hat, so lass deine Gabe dort auf dem Altar, und geh, zuerst versöhne dich mit deinem Bruder. Und dann komm und opfere deine Gabe« (Mt 5,23f). Primär ist somit die Liebe als Haltung und als Verhalten, die allerdings vom Glauben her über ihre letzte Tiefe und über ihre Erfüllung über Raum und Zeit hinaus gleichsam ins Licht gesetzt wird (vgl. Leo Karrer, Die Stunde der Laien, Freiburg 1999, 298ff). Nur so ist letztlich Zeit zu segnen.

Christliche Spiritualität erfüllt sich nicht im Erfolgsrezept, das Leben mit allen Kniffen in Griff bekommen zu wollen und sich als mit allen Wassern gewaschen zu behaupten. Vielmehr ermutigt sie, sich auf das Leben einzulassen und sich dabei auf Gott zu verlassen, auch dann, wenn man am Widerstand der Realitäten zu erschöpfen droht oder sich und anderen gegenüber gar manches schuldig bleibt. Das ist christlicher Realismus, der sich nicht bigott und frömmlerisch über die wahren Verhältnisse, aber auch nicht vor lauter Oberflächlichkeit durch Boulevardisierung und die Weltwährung Geld über die ganzheitliche Verheißung seines Daseins täuscht.

So greift unsere Frage weit über uns und die Kategorien des Menschen in Raum und Zeit hinaus. Ja, man darf wohl auch vermuten, dass selbst in dunklen Stunden und in unversöhnten Situationen oder tief verletzenden Enttäuschungen eine Ahnung von Lebenserfüllung und vom Frieden der Versöhnung spürbar wird, was wir uns an Glück, Wertschätzung, Freude und Staunen ersehnen. Das sind auch Zeichen der Verheißung für das, was wir erhoffen und einander wünschen. Die Strategien eines verhaltenen »fast« oder »vielleicht«, die alles offen lassen, befreien dann nicht mehr. Lebensfragen lassen sich nicht durch Rückzug ins rein Denkbare beantworten. Sie bedürfen auch der Triebhaftigkeit des Lebens. Es wird der Sprung in das Wagnis der Entscheidung und der Hingabe zugemutet.

Der Mensch gewinnt eine Ahnung davon oder einen Spürsinn dafür, dass über alles Machen, Schaffen, Kaufen und Haben hinaus Religiosität und letztlich Lebenssinn nicht eigenmächtig ertrotzt oder hergestellt werden können, sondern leben und erlebt werden, indem man sich öffnet und freigibt, sich einlässt und wachsen lässt. Man kann es nicht genug wiederholen: Ist der Mensch nicht zutiefst das zur Hingabe als bewusste Beziehung und zur Liebe fähige Wesen? Er kommt sich selber auf die Spur, wird seiner selbst empfänglich und dadurch der anderen inne. Glauben ist somit eine Gesinnung, eine Haltung, mit der man sich der Wirklichkeit stellt. Das Leben erweist sich als Berufung und als erfüllende Antwort (vgl. Pia Maria Hirsiger, Mann und Frau – wozu noch!?, Berlin 2014).

3. Unruhig ist unser Herz, bis es ruht in Dir, o Gott (Augustinus)

Die religiöse Unruhe und das spirituelle Suchen in der heutigen Zeit verbürgt hintergründig vielleicht so etwas wie eine tiefe Sehnsucht im Menschen, mag sie sich zuweilen auch verschüttet, verheimlicht oder kaschiert verraten. Auch Träume können Wegweiser sein. Ist es nicht so, dass wir im Inneren unseres Bewusstseins auch große Erwartungen spüren und oft an der Unerfülltheit tiefer Lebenssehnsüchte leiden? Und es gibt Menschen mit einer feinfühligen Heilkraft, die bei leidvollen Erfahrungen Linderung und Trost spenden. »Sie lieben, ohne einzuengen; sie wertschätzen, ohne zu bewerten; und sie nehmen ernst, ohne festzulegen« (Brigitte Helbling). Wir verlangen nach Entfaltung, nach Bedeutendsein und nach Lebens-Erfüllung und Echtheit. Wir sehnen uns nach dem, was wir Lebensglück bis hin zur Zärtlichkeit und Erlebnistiefe nennen. Ist diese Sehnsucht nur eine Täuschung oder eine Fehlkonstruktion unseres Herzens? »Es sehnt sich nach dem Grenzenlosen – und immer gibt es Grenzen und damit verbundene Frustrationen und Enttäuschungen – bis hin zu allerschwersten Schicksalsschlägen« (Winfried Bächler). Man kann diese Sehnsucht – auch in ihrer Maßlosigkeit – belächeln, verwünschen, rationalisieren oder verdrängen. Andere versuchen, solche Erwartungen wenigstens kurzfristig und möglichst intensiv mit der Jagd nach allem Glück dieser Welt zu befriedigen. Aber das Paradies lässt sich nicht herbeischaffen oder häppchenweise einfangen. »Die Sehnsucht bleibt und die Welt ist für sie eine Nummer zu klein« (Winfried Bächler).

Die Tradition des christlichen Glaubens empfiehlt einen anderen Weg: das maßlose Verlangen unseres Lebens ernst zu nehmen und dann sich für die letzte Erfüllung zu öffnen und sich freizugeben, nicht blind, sondern im Vertrauen, das uns im christlichen Glauben eröffnet wird. Diese »unbegrenzte« Erfüllung ist nicht in den begrenzten Bedingungen unseres Daseins zu erzwingen oder zu sichern, sondern nur indem wir uns einlassen und uns verlassen auf den, den die menschheitsalte Geschichte gelernt und gelehrt hat, Gott zu nennen. Spuren zu Gott auf Erden, mehr nicht, aber immerhin. Wenn der ganze Kosmos und das individuelle Leben im Sinne der Evolution Werden und Entwicklungsschritte sind, warum nicht auch das Sterben? Von der christlichen Botschaft wird den Menschen bedeutet, dass es voll des Sinnes ist, für uns und für jeden Menschen die Hoffnung auf den zu setzen, der uns ganz nahe ist und doch Geheimnis bleibt: Gott.

4. Und doch: »Er ist nicht hier ...« (Lk 24,6)

Bevor wir uns auf das entscheidend Christliche und damit auf den Kern der Botschaft Jesu tiefer besinnen, sei eine Beobachtung in knapper Form angesprochen, die ich in letzter Zeit bei der älteren Generation und bei »meiner« Altersklasse mache: die Frage nach den Gottesbildern. Gibt es einen personalen Gott? Kann ich zu ihm »Du« sagen zum Beispiel beim Beten? Oder gibt es ein »höheres Wesen«? Es ist oft eine Not bei engagierten Christen und Christinnen, auch bei kirchlichen und theologischen »Fachleuten« und Seelsorgern und Seelsorgerinnen. In jüngster Zeit haben vor allem »Glaubenszweifel« bei der kürzlich heilig gesprochenen Mutter Theresa von Kalkutta die Medien beschäftigt. Sie schrieb am Ende ihres Lebens von Verlassenheit und Leere, von Dunkelheit und Kälte, wenn sie ihre Gedanken zum Himmel erhebe.

Mit zunehmendem Alter verdunkeln sich bei vielen Menschen die Kirchenbilder und vor allem die früheren Gottesvorstellungen und Kirchenbindungen. Viele sprechen von der Nichterfahrung Gottes. Man spricht von der »atheistischen Sehnsucht nach Gott« (Guido Büchi). Wenn man darüber ins Gespräch kommt, versagen dann oft schnell unsere Vorstellungskraft und unsere Sprache. Die Antwortsuche wird zuweilen diffus und weitläufig, weil unsere letzten Fragen nie total in Griff zu bekommen sind.

Vielfach sind es aber auch Symptome für notwendende Lebensprozesse im Rückblick auf die eigene Jugendzeit. Man wehrt sich gegen eine klerikale, zentralistisch übersteuerte und patriarchale Kirche, die sich früher als moralisches Vorbild und als »vollkommene Gesellschaft« ausgegeben hat. Noch vitaler wehrt man sich gegenüber Gottesbildern, die Angst auslösten und Gott zu klein dachten. Man verbindet damit Zwang und Gängelei. Glauben wurde als »Fürwahrhalten« von Dogmen, als Doktrin und als Lehre gewichtet. Religiosität aus den Kinderjahren trägt nicht mehr. Sie wird abgestoßen. Insofern verraten

sich hinter solchen Tendenzen auch notwendige Reifungspro-
zesse. »Ungläubige« und »Gläubige« sind dann einander gar
nicht so fern.

Im Blick auf die Jugend sind aber unterschiedliche Ausgangs-
situationen markiert. Wir Älteren verbinden mit unserer Suche
nach Gott und unseren Zweifeln und Fragen viel Vergangenheit,
die es in der Gegenwart zu verarbeiten gilt. Es sind Emanzipati-
onsschritte unserer Generation. Vielleicht verrät sich dadurch
ein tieferes Glaubensverständnis und Suchen nach echter Religiosität. Karl Rahner meinte schon vor Jahrzehnten, dass Gott
gottlob nicht so sei, wie sich 80 % der Menschen ihn vorstellen.

Aber es droht auch eine passive Kapitulation, indem man sich
vor der Herausforderung zurückzieht und sich den Fragen nicht
mehr stellt oder gar depressiv und zynisch wird. Tradition des
christlichen Glaubens heißt dann nicht Repetition der ewig glei-
chen Glaubensformulierungen, sondern das Ringen um den
Glauben im konkreten Kontext des Lebens im jeweiligen Heute.
Das ist letztlich keine neue Erfahrung. Nur die Bedingungen
haben sich verändert.

Als die Jüngerinnen und Jünger den toten Jesus in seinem
Grabe suchten, hörten sie die Stimme aus der Grabkammer:
»Was sucht ihr den Lebenden bei den Toten? Er ist nicht hier …«
(Lk 24,5f). Schon damals war Gott nicht greifbar nahe und konkret zu beweisen. Er ist nicht im Sinne unserer Bilder und Vorstellungen (»Warum lässt Gott das Böse zu?«) zu handhaben. In
dem Sinn gilt auch heute unerbittlich: »Er ist nicht hier.« – Aber
gerade diese Aussagen am Grab deuten auch über das Grab hinaus und verorten geistig gleichsam das »Er ist nicht hier …«
Die Botschaft lautet nämlich: »Er ist nicht hier, sondern er ist
auferstanden« (Lk 24,6). Die Realitäten des Lebens und die
Hoffnung über Raum und Zeit hinaus verbinden sich miteinander. Christliches Leben ist in diesem Sinn kein »Entweder –
oder«, sondern ein »Sowohl als auch«. Wie ist das tiefer zu verstehen? Woher schenkt sich diese Hoffnung?

WACHS

Für meinen Vater, Miguel Fernández Pérez, der sich als Professor der Complutense in Madrid stets als »Student des Mensch-Seins« gesehen hat und mir mit seiner Neugierde auf das Leben ein kerzengleiches Vorbild ist.

Bienenemsig gesammelt,
gebaut
und dabei so manch lächelnde Blüte geküsst.

Geschmolzen – gegossen
HINGABE
ist Dein Name.

Einen Bund schaffst Du,
Wachs, mit Siegel und Feuer:
manche dürfen Dich
ZEICHNEN, PRAEGEN
mit großgenannten
oder – großgekauften –?
Namen.

Du wirst siegel-beschworen
gebrochen,
befolgt
und oft auch verraten.

Ein Wort, ein Siegel, ein Schwur
sind vielmals nichts als
Staub:
Verleumdung, die Vergessen zeugt.

Es gab Dich
damals – und heute –
bloss kam da
einiges dazu:

Das Wachsfiguren-Kabinett:
Spiegel der menscherdachten Maskerade
Eitelkeit.

Damals war es
– INRI –
das sie leugnen, biegen wollten,
um Deines Wesens-Namens willen.
KEIN Stern
darf Gottes Sohn
sich nennen: aber DU bliebst.

Pilatus hat es so gewollt.

Sanft bist Du, und geschmeidig, Wachs,
und dennoch blieben Deine Worte stehen:
wohl ähnlich damals in der Grotte Bethlehems,
die Kerzen, welche weich das
LICHT
mit
Licht umschmiegten.

Lass uns nicht schwaches
Zeugnis,
Schriftwerk
sein, mein HERR,
und auch nicht STEIN-gemeisselt stur und kalt:
das, was wir glauben, hoffen, lieben, nie erzwingen.
Leben blüht nur dort,
wo Be-Wegung wächst.

Wir wollen Kerzen sein,
gerade, klar und ohne Zaudern brennen,
mit DIR den Hirten, Engeln lauschen,
durchkreuzt in Manchem
hingegeben so wie DU mit Deinem Kreuz.

An DEINEM Herzen sein,
Kerze, die leuchtet,
Lichtquelle kreuz und quer
gegen den Schlund der Finsternis,
des Grauens und des Bösen.

Weil Licht stärker ist als Schwarz und Leere,
weil Licht liebt und geliebt ist
und nur auf
DIR
WAHR-HAFT gebaut.

So sind wir DEIN,
und manchmal sogar,
in den besonders dunklen Nächten:
DEIN
kleiner Stern.

Maria-Christina Fernández

V.

Die gute Nachricht: Jesus Christus

Alle diese Fragen und Erwartungen können beim Älterwerden drängender werden und andere Erfahrungen relativieren, auch jene der religiösen und kirchlichen Praxis in jüngeren Jahren.

Im Folgenden geht es um eine Rechenschaft über eine gute Nachricht, die tragen kann, auch wenn man in die Jahre kommt.

1. Schöpfungsgeschichte offenbart

Bevor wir uns auf die Person Jesus von Nazaret und seine Botschaft besinnen, ist es angebracht, Orientierung in der Schöpfungsgeschichte zu suchen oder in Erinnerung zu rufen. Immerhin hat Jesus des Öfteren auf das verwiesen, was »am Anfang« war, was am Anfang die Absicht Gottes, den Jesus seinen Vater nennt, gewesen ist. »Dann sprach Gott: Lasset uns den Menschen bilden nach unserem Ebenbild, uns ähnlich ... als Mann und als Frau erschuf er sie« (Gen 1,26f) ... »und Gott sah, dass es sehr gut war« (Gen 1,31). Der Mensch ist in dieser Schöpfungssicht, ob er nun als Einzelperson verstanden wird oder als Gemeinschaft, das aus Liebe geschaffene Wesen Gottes. Damit ist schon ungeheuer viel und Entscheidendes ausgesagt. Der Mensch ist nicht nur das in seiner Hilflosigkeit und Sündigkeit angenommene Geschöpf, sondern in seinem ursprünglichen Dasein ein Zeichen der Liebe.

Um es salopp auszudrücken: von Gott her, wie es sozusagen von Anfang an gedacht war, ist der Mensch gerade das Gegenteil eines Notfalls, eines Erbarmungswürdigen oder eines armseligen Bettlers. Vielmehr ist menschliche Existenz von Gott besorgtes Dasein. Jenseits von Zweck und funktionaler Berechnung ist Dasein geschenkt.

Von seinem Ursprung her ist der Mensch demzufolge das auf Gemeinschaft in Liebe ausgerichtete Wesen. Schon der alttestamentliche Name für Gott: »Jahwe« bringt das unmissverständlich zur Sprache: »Jahwe: Ich bin der für euch Daseiende, und ich werde der für euch Seiende sein in Ewigkeit« (vgl. Ex 3,14). Gott zeigt sich als der »Ich bin da«. Alfons Deissler übersetzt: »Ich bin da und werde dasein als dein helfender und heilvoller Gott, was auch gescheh.« In tiefster Konsequenz wird Liebe als göttlich-menschliche Lebensgemeinschaft mit Kategorien wie Recht auf Ansprüche, Moral, Gehorsam, Unter- oder Überordnung, Selbstbehauptung usw. nicht mehr erfasst. So kennen Liebende keine Instanz, vor der sie Liebe einklagen könnten. Wenn überhaupt, dann beglaubigt sich die Liebe dadurch, dass sie sich selber gibt und schenkt und dem Du sich öffnet. Liebe kann dann auch bedeuten, den geliebten Menschen loszulassen, loszuketten und freizugeben (Brigitte Helbling). Allerdings: es sagt sich so leicht.

Eine letzte Eindeutigkeit dieses Glaubens ist indes mit Jesus von Nazaret eröffnet, denn in ihm ist die Liebe Gottes gleichsam in Person erschienen. Er will nicht richten und Strafen androhen (vgl. 1 Kor 1,17–31). Vielmehr geht es darum, die Menschen trotz ihrer Taten und trotz angetaner und selbst verschuldeter Not und Verlassenheit zu bejahen und zu lieben, mit ihnen Gemeinschaft zu pflegen und ihnen Bruder zu werden und sie als sein Volk zu sammeln.

Im Folgenden geht es um knappe Hinweise auf das Verhalten und die Verkündigung Jesu, wie sie in den Schriften des Neuen Testamentes zugänglich sind und uns Wege öffnen und weisen.

2. Botschaft Jesu: unser Weg

Der christliche Glaube ist an seiner Wurzel keine fromme Lehre oder organisatorische Zugehörigkeit zu einer Religion, sondern die Botschaft und Kunde vom gelungenen Modellfall des Men-

schen im Leben und in der Person Jesu von Nazaret. Jesus ist
der zuverlässige Hinweis dafür, was es mit den Menschen von
Gott her auf sich hat, woraufhin das Leben des Menschen aus
ist, wo es herkommt und wohin es zurückdarf. Die Bedeutung
des christlichen Glaubens liegt im tiefsten Kern eben in dem geschichtlichen Ereignis des Weges und der Botschaft Jesu. Sein
Leben und sein persönlicher Glaubensweg bis hin zum Sterben
sowie seine Berufung und sein Verhalten lassen offenbar werden, was Gott mit uns Menschen vorhat, die er als freie Partner
und Partnerinnen ruft. Dieses Offenbarwerden wird zur Offen-
barung über den Menschen selber, über das, was wir den »göttlichen Funken« im Menschen nennen mögen. Das bezeichnend
und spezifisch Christliche wird so zum entscheidend Menschlichen. Der Mensch ist gemeint.

Indem Jesus in der ganzen Widersprüchlichkeit und in der geschichtlichen Bruchstückhaftigkeit unseres Daseins uns Mit-
Mensch und Bruder geworden ist, konnte er in Wort und Tat
vermitteln und offenbaren, wer er ist und wohin wir in seiner
Nachfolge auf sein Wort hin unterwegs sind. Mit Berufung auf
ihn und sein Handeln darf ich Hoffnung auf erfülltes Menschsein schöpfen – und zwar für jeden Menschen.

In einer Kurzformel können wir sagen: Wir Christen/innen
glauben: Gott, den Jesus seinen Vater nennt, hat in Jesus Christus zum Menschen in unwiderruflicher Treue und in radikaler
Liebe sein Ja gesagt. Und in Jesus hat sich das Ja der Liebe des
Menschen zu Gott zeichenhaft erfüllt. Mit Berufung auf Jesus
von Nazaret dürfen wir für uns erhoffen, was wir von Jesus
Christus glaubend bekennen: das Ja Gottes zum Menschen und
seine Treue über Schuld, Begrenztheit und Tod hinaus. Es ist uns
damit eröffnet und geschenkt, uns selber schenken und hingeben
zu dürfen, zu Gott unser Ja zu sagen.

Bewegen wir uns mit solchen Sätzen nicht in schwindelnder
Höhe abstrakter Wunschgebilde? Nein: Jesus ist historisch verbürgt. Und wir können anhand der biblischen Literatur seinen

Lebens-Weg, seine Wunder, seine Begegnungen mit den Menschen und seine Botschaft verfolgen und uns zu Gemüte führen. Die Erfahrungen der Menschen damals werden für heute zum Vermächtnis, zur Verheißung.

Was zeigt sich nun im Verhalten Jesu und in seiner Art, wie er den Menschen begegnet ist? – Lassen wir uns darauf ein, was uns Licht schenken möchte und Mut zum Lebendigsein in Hoffnung (vgl. Leo Karrer, Glaube, der das Leben liebt. Christsein als Mut zu wahrer Menschlichkeit, Freiburg 2014, 75ff).

3. Jesus: Heiland

Aus den Begegnungen Jesu mit den Menschen mit höchst unterschiedlichen Lebenshintergründen, Lebensgeschichten und Lebensbedingungen wird überdeutlich, dass er alle Menschen ernstnimmt. Erinnert sei an die Ehebrecherin, an die Samariterin am Jakobsbrunnen, an den Zöllner, an Nikodemus, an Pilatus, an den reichen Jüngling, Maria und Martha, Lazarus. Er schweigt nur, wenn die Menschen mit ihm Hohn und Spott treiben und nicht ernst gemeinte Fragen stellen (zum Beispiel gerade der religiöse Führer: der Hohe Priester). – Im Verhalten Jesu den Menschen gegenüber verleiblicht sich sozusagen eine einzigartige Parteiergreifung für den Menschen, die aus seinem tiefen Gottesverhältnis fließt: »Ich bin gekommen, damit sie Leben haben und damit sie es in Fülle haben« (Joh 10,10). Das soll etwas konkreter – wenn auch stammelnd – entfaltet werden.

Nehmen wir zum Beispiel die Begegnung Jesu mit der Ehebrecherin (Joh 8,1–11). Eigentlich ist es für Jesus nicht nur eine Begegnung mit der Frau, sondern auch Konfrontation mit seinen Gegnern. Die Erzählung ist bekannt: Eine Gruppierung von Schriftgelehrten und Pharisäern bringt eine Ehebrecherin und stellt sie in die Mitte, um mit ihr nach dem Wortlaut des Gesetzes zu verfahren, sie zu steinigen. Sie hatten ja religiöse Gesetze, nach denen Menschen zu sterben hatten. Mit dem Tatbestand verbinden sie nun eine Fangfrage an Jesus in der Erwartung, mit dieser pfiffigen Frage Jesus selber zu Fall bringen zu können. Sie suchten einen Grund zur Anklage gegen ihn. Entweder ist er ethisch zu streng, dann waren seine angebliche Güte und Barmherzigkeit nur trügerischer Schein. Er verlöre seinen Einfluss bei seiner Anhängerschaft. Oder er reagiert zu milde und versöhnlich; dann war er im Sinne des Gesetzes nicht linientreu. Und man hätte eine Handhabe gegen ihn. – Nachdem Jesus in einer rätselhaften Geste auf den Boden geschrieben hatte, richtete er sich auf und sprach die Worte, die zu den zweifellos bedeutsamsten Äußerungen der Jesus-Überlieferung zählen sollen: »Wer von euch ohne Schuld ist, der werfe den ersten Stein auf sie«. Einer nach dem andern schlich davon. – Dann wendet er sich der Frau zu, die ihren Richtern entkommen ist. Jesus stellt die Schuldfrage erst gar nicht. Er befreit dadurch die Frau aus ihrer Verlegenheit und Scham. Er spricht mit der Frau über ihre Verfolger: »Hat dich keiner verurteilt?« »Keiner, Herr.« Dann wendet Jesus die verlorene Situation der Frau zu deren Befreiung: »Auch ich verurteile dich nicht; gehe hin und sündige von jetzt an nicht mehr«. Jesus verurteilt nicht, sondern befreit zu Lebendigsein und zu Lebensmut. Jesus behandelte die Frau nicht wie ein Objekt seiner Heilkräfte. Vielmehr wird die Frau Subjekt und Partnerin im befreienden Gespräch mit Jesus. Die Frau gewinnt Atem (Leben) für einen neuen Anfang. Die Begegnung mit Jesus muss in dieser Frau alle Lebens-Geister wachgerufen haben. Mit dieser Entschiedenheit nimmt Jesus in eigener Vollmacht die Menschen in die Gottesgemeinschaft auf und hofft darauf, dass solche »Sünden-Vergebung« den Menschen im Innersten treffe und zur Umkehr bewege. Für Jesus steht der Mensch in der Mitte.

Am Verhalten der Gegner Jesu der Ehebrecherin gegenüber zeigt sich, dass für sie nicht der Mensch in der Mitte ihrer Sorge steht. Sie lauern den Menschen vielmehr auf, weil Gott für sie ein Herrscher zu sein scheint, dessen Herrsein sich in einem drückenden Gesetz zeigt, das ängstlich befolgt werden muss. Dessen Bestimmungen sind in einer ritualisierten Religiosität bis ins Detail geregelt. Dessen Vorschriften bedürfen keiner näheren Begründung, sondern sind strikte anzuwenden: nicht Denken und Freiheit, sondern Unterwerfung. Sonst drohten Ausschluss, Exkommunikation und Strafen. Religiosität und sogar Gott werden gegen den Menschen aufgeboten. Ist es da verwunderlich, dass sich die Menschen gegenüber einem solchen Gott als geknechtete Untertanen vorkamen, dem man mit Angst begegnete und der nie zufrieden zu stellen war? Ist es da nicht mehr als verständlich, dass man einen solchen Gott durch viel Ritual und Opfer zu beschwichtigen suchte und ihn gnädig zu stimmen trachtete, ihn sich sozusagen mit Opfergeld kaufen musste?

Demgegenüber geht es Jesus radikal d. h. wurzelhaft um die Menschen, um ihnen zu helfen, um ihnen Heilung, heiles Menschsein und befreites Selbstwertgefühl zu ermöglichen. Für ihn steht der Mensch im Mittelpunkt, nicht das Gesetz oder der Sabbat (vgl. Lk 6,1–11). Ihm geht es nicht primär um die Synagogenordnung oder irgendeine kirchlich-religiöse Disziplin. Er verurteilt nicht; vielmehr geht er auf die Menschen zu, um ihnen neues Leben zu schenken und Lebensmut und Lebenskraft zu eröffnen; sie sollen auf- und ausbrechen aus dem, was sie niederhält: »Gehe hin und sündige von jetzt an nicht mehr« (Joh 8,11), sagt er zur Ehebrecherin. Gott ist kein billiger Pappkamerad oder Komplize meiner Vorteile: Es geht um Umkehr und Vertrauen in seine Botschaft und in diesem Horizont um den Mut zum Lebendigsein.

4. Nachfolge Jesu: Impulse

Die Botschaft Jesu ist ein Gegenvorschlag bzw. ein alternatives Projekt zu einer Welt, die Religion mit dem Kult um das goldene Kalb verwechselt, in der auch religiöser Kult die Veränderung und Bekehrung zur Versöhnung und praktischen Solidarität einschläfert und nicht Dienen, sondern die Interessen der Macht die erste Geige spielen wollen. Diese Botschaft ändert die Qualität der Beziehungen unter den Menschen, deren ethische Höhe darin besteht: selbst den Gegner und Feind zu lieben. Davon ist nichts zurückzunehmen, auch wenn man zuerst von sich selber sagen muss: Ich bin überfordert und bleibe so vieles schuldig. Aber Versöhnung gehört auch zum Älterwerden und verlangt nach Friedensarbeit nach innen und nach außen.

In seinem Verhalten nimmt Jesus beispielhaft die Gleichheit bzw. die Brüderlichkeit und Schwesterlichkeit aller Menschen ernst: Sünder, Zöllner, Kranke und Arme, Reiche (der reiche Jüngling), Mitglieder des hohen Rates, selbst Pilatus – der doch ein Vertreter der Mächtigen war –, Frauen und Männer, verschiedene Rassen wie zum Beispiel die Samariterin beim Jakobsbrunnen usw. Deshalb haben die armen und geplagten Menschen bei Jesus Hoffnung geschöpft und sich ihm so menschlich geöffnet und geantwortet.

Solches Verhalten und solche Botschaft waren und sind umstürzlerisch. In seinem Verhalten überwindet Jesus nämlich die ausgeklügelte Regie der Gesetzlichkeit in Ethik und Kult. Er sprengt die sakralisierten Rituale einer Religiosität, die Gottes Handeln gleichsam an menschliche Riten und an die von den Menschen gesetzten Bedingungen binden wollen. Sie verführen leicht zur Leistungsfrömmigkeit und damit zu einer religiösen Form des Habenwollens. Dadurch befreit er die Menschen von den Zwängen pervertierender Religiosität und abergläubischer Scheu sowie sklavischer Unterwerfung. Gottes Liebe ist nicht durch Leistungsfrömmigkeit und durch erschöpfende Opferreligiosität zu erschleichen. Wir müssen nicht krampfhaft Gott auf uns gnädig abrichten. Letztlich würden wir selber Gott spielen wollen und so tun, als könnten wir sein wie Gott, um dann doch zu scheitern.

Dadurch, dass Jesus auf die Menschen so zugeht, ihnen allen Bruder wird und Gott als einen Gott verkündet, der das Heil aller Menschen will, durchbricht er die Ordnung von arm und reich, von unten und oben, von Freund und Feind, Mann und Frau, von Macht und Ohnmacht, von Schuldigen und Unschuldigen, von Klerus und Laien usw.

So erweist sich Jesu Handeln als heilendes Wirken, das Dämonen austreibt. Heute denken wir dabei an versklavende Vitalinteressen, an Drogen, Medien-Kommunikation, öffentliche Meinungen und Vorurteile, Konsumismus etc.). Jesus fördert gesundheitsschenkende Kräfte und erweckt zu Leben, er öffnet Blinden die Augen und entgiftet eine vergiftete Atmosphäre.

Aus seiner tiefen Verankerung in Gott wendet er sich gegen alle repressiven Erwartungen und gegen alle Formen seelischer Umweltverschmutzung und Ärgernisse. Sein Zorn und seine Kritik richten sich gegen die Verhaltensweisen jener, die ihre Mitmenschen ideologischer, gesellschaftlicher, sozialer und religiöser oder konfessioneller Vorurteile wegen verachten, abschreiben oder gar an den gesellschaftlichen Rand drücken wollen. Er wendet sich gegen alle Despotie menschlicher Boshaftigkeit, Dummheit und religiöser Ignoranz.

Vielmehr wendet er sich mit seinem ganzen Herzen den Menschen zu. Er stellt den Menschen in die Mitte, den geschundenen, armen, isolierten, kranken, ratlosen, verstummten, schuldigen, den suchenden, den abgeschriebenen Menschen ... nicht um ihn bloßzustellen oder gar kleinzukriegen, sondern um neues Leben, neuen Sinn und damit neue Lebensfreude ... Befreiung und Lebenszuversicht zu ermöglichen. Umkehr ist somit zutiefst nicht Abkehr von Schuld und Sünde, sondern zuerst Hinkehr zu Jesus, Aufbruch und Auferstehen in seiner Nachfolge. Es geht nicht zuerst um Moral und Disziplin, sondern um Liebe und Hingabe. Die eigentliche »Sünde« bzw. »Schuld« wäre somit, sich nicht lieben zu lassen. Es wäre tragisch, im Schatten das Licht zu leugnen und in der Nacht die Sonne. Unser Bewusstsein muss sich nicht in der Fragilität des Lebens verlieren und die Grenzen unseres Daseins als absolut erklären. – Es schenken sich vielmehr entscheidende Impulse für die »Nachfolge Jesu«.

5. Jesu einzigartige Gottes-Beziehung

Die Parteiergreifung für die Menschen und das Verhalten Jesu sind ganz geprägt und erfüllt von seiner einzigartigen Beziehung zu Gott, von seiner Verankerung in Gott. Der Gott, dessen »Herrschaft« und »Reich« Jesus in Wort und Tat verwirklichte, ist ein geschichtlich wirksamer Gott, der Gott der Bibel, in deren Tradition Jesus aufgewachsen ist: Es ist der Gott Israels, der Gott Abrahams und Saras, Isaaks und Rebekkas sowie Jakobs und Rahels. Er ist auch der universale Gott, der keine Götter neben sich duldet und der sich als Heil allen Menschen zuwendet.

Jesus hat sich nicht gescheut, diesen Gott unmittelbar anzurufen. Er verzichtete darauf, wie es aus Ehrfurcht damals üblich war, diesen Namen zu umschreiben. Er sprach von Gott als Vater. Dies war allerdings nicht ganz neu. Aber in den Gebeten Jesu wird eine neue Dimension und eine überraschende Nähe zu Gott als Vater sichtbar. »*Mein* Vater« als persönliche Gebetsanrede eines Einzelnen an Gott stellte etwas radikal Neues dar. Vor allem die Gebetsanrede Abba im Ölgarten am Abend vor seinem Kreuzestod könne als ein ursprüngliches Wort Jesu gelten und bezeugt sein besonderes persönliches Gottesverhältnis. Die gegenseitige Zuwendung und Beziehung von »Vater« und »Sohn« steht im Mittelpunkt des christlichen Glaubens (Mk 13,32, Mt 11,27). In diesem Sinn bekennt die Kirche den Menschen Jesus als Sohn Gottes, als »von Gott gesalbten« Christus.

Jesus ist in Person Wort Gottes; d. h. die Gottesherrschaft als das endgültige Heil ist mit der Person Jesu verknüpft. Er verkündete nicht nur die kommende Gottesherrschaft; sie wurde in ihm auch sichtbares Ereignis. Sein Reden und Tun sind Ausdruck dafür, dass in ihm Gott sein Gesicht den Menschen zugewandt hat.

Die Güte, Liebe und Gerechtigkeit Gottes und die Verheißung von »Leben in Fülle« (Joh 10,10) wurden im Menschen Jesus und in seinem Wirken historisch und konkret zugänglich. Er ist damit in Person die Botschaft bzw. Hoffnung auf einen Gott, der den Menschen als freien und geliebten Partner ruft und annimmt und der in Treue zu seinem Ja der Liebe steht, selbst wenn wir treulos werden.

Damit hat Jesus die Sicht des Menschen, wie sie uns die Schöpfung schon nahebrachte, radikalisiert. Er führte an die Wurzel dessen, was die Schöpfungsgeschichte andeutet. Der Mensch ist in seinem Dasein schon das in Liebe geschaffene Wesen. Dessen Existenz ist, wie schon früher vermerkt, von Gott besorgtes Dasein. Dass wir sind, ist schon Ausdruck einer Liebe. Darf man in diesem Zusammenhang nicht sagen, dass in jedem Menschen etwas Göttliches »ruht« und zur Fülle drängt?

Es sei nochmals an die Szene beim brennenden Dornbusch erinnert. Gottes Stimme berief Moses dazu, zu Pharao zu gehen und sein unterdrücktes Volk aus Ägypten hinauszuführen. Wir hätten uns anstelle von Moses auch gewehrt und zum Selbstschutz so etwas wie Sicherheitsgarantien verlangt. Moses fürchtete sich und wollte wissen, mit wem er es zu tun habe. Aber Gott outete sich nicht, gab kein Machtwort oder eine theologische Legitimation. Die Fragen um das Warum und Wozu boten keinen Ausweg. So gab sich Gott einen Namen, indem er auf sein Handeln und Mitsein mit uns Menschen verwies: »Jahwe: Ich bin der für euch Daseiende, und ich werde der ›ich bin da‹ sein in Ewigkeit« (Ex 3,14). Gott gibt sich einen Namen, indem er sich selber mitteilt und sich selber verspricht. Das ist letztlich auch im menschlichen Leben und in unseren Beziehungen so. Auch wir geben uns einen Namen, indem wir uns selber mitteilen und uns selber versprechen – den andern und auch sich selber gegenüber. Erst wenn wir uns einlassen und uns sozusagen selber ins Spiel bringen, erweist es sich, was es mit meinem Leben und mit mir auf sich hat. Dann spielen wir nicht nur unser Leben, sondern verkörpern und vermenschlichen es authentisch. Im Glauben ist dies erst recht der Weg für uns. – Nun bekommt der Name Jesus seine tiefste Bedeutung. Der Name Jesus bezieht sich auf Jeschua. Jeschua verweist darauf, was es mit dem Weg und mit der Person Jesus auf sich hat: »Jahwe, der mit uns sein wird, ist Heil«. »Man wird ihn Emmanuel nennen, was heißt: Gott ist mit uns« (Mt 1,23). »Heiland« ist nach wie vor der wunderbare Ausdruck dafür.

6. Heiland zu sein, ist lebensgefährlich: Karfreitag

Die Verhältnisse damals und heute sind nicht so, dass prophetische und heilende Menschen im gesellschaftlichen Ambiente zu den Siegern und Siegerinnen gehören. Jesus erlebte, wie es ergeht, wenn man dem Gericht der Menschen in die Hände fällt. Seine Treue zu Gott, seinem Vater, und zu den Menschen kostete ihm das Leben.

Waren damit die Wunder Jesu Täuschungen? Seine Rede vom guten und barmherzigen Gott Utopien ohne jeglichen Realitätsgehalt? Hatte er umsonst gelebt? Ist er damit letztlich umsonst gestorben? Duchkreuzte das Kreuz Jesu nicht den tiefen Sinn seiner Botschaft? Erledigte das Kreuz nicht doch endgültig Gott, auf den er sein ganzes Vertrauen, seine Hoffnung gesetzt hat?

Haben damit nicht jene Realisten recht, die unsern Glauben an Jesus Christus und unsere Hoffnungen als – wenn auch – rührende Wunschträume unserer trostsuchenden Herzen glauben entlarven zu dürfen?

In der Tat, wir haben oft allzu voreilig vom Sinn des Leidens und vom verdienstvollen Kreuztragen gesprochen und gepredigt oder es als von Gott verfügte Strafe für Sünden erklärt. Wir haben es oft verstanden als Ruf zur Umkehr, denn: »Wen Gott liebt, den züchtigt er« (Hebr 12,6). Manche Leute ärgern sich, wenn uns das Wort vom »Kreuz-Tragen« allzu salopp über die Lippen kommt.

Leiden und Kreuz wurden als Zuchtrute Gottes und als Läuterung oder als Prüfung und Zeichen besonderer Gottesnähe hingestellt. – Leidvolle Erfahrungen und menschliche Schicksalsschläge können natürlich besinnliches Nachdenken auslösen. Das ist nicht zu unterschlagen. Aber im Leiden selbst gleichsam den Willen Gottes sehen zu wollen, das verstehe, wer kann. Ist das Leiden durch manche Vorstellungen von Kreuzesnachfolge oder von Sühnegeschehen nicht geradezu verherrlicht worden? Vor allem ältere Menschen sind skeptisch geworden gegenüber einer religiösen Sprache, die für die leidvollen Erfahrungen der Menschen unsensibel geworden ist. Sie können oft mit den traditionellen Formeln nichts mehr anfangen wie zum Beispiel: »Der Herr hat uns erlöst durch sein kostbares Blut«. Opfer-Religiosität ist für sie mit der Botschaft von einem Gott der Liebe unvereinbar.

Und sind damit nicht auch das Karfreitagsgeschehen und das Kreuz verniedlicht und entschärft worden? Haben wir dadurch nicht das schreckliche Sterben Jesu gleichsam in den Griff bekommen wollen und es in sich als sinnvoll erklärt.

Vom Tod allein und vom Kreuz am Karfreitag allein – vom Leid nur für sich gesehen – ist kein Zugang zu gewinnen. Auch das Leiden der Menschheit zeigt keinen Sinn in sich; es ist nicht als von Gott verfügt oder als gottgewollt zu verkünden. Gott ist kein Schinder.

Warum wagen wir dennoch, am Karfreitag das Kreuz zu verehren? Ist es nicht geradezu »verrückt«, das Sterben und das Zerstörtwerden und eine solch niederträchtige Erniedrigung eines Menschen feiern zu wollen? Nehmen wir das zerstörerische Kreuz wirklich ernst? Es ist ein Kreuz mit dem Kreuz.

7. Kreuzenthüllung: vom Kreuz zum Gekreuzigten

Karfreitag und die Kreuze im Leben der Menschen sind Tatsachen, die in der Tat nicht verniedlicht werden dürfen. Kreuzenthüllung und Kreuzverehrung wären gründlich missverstanden.

Aber inmitten des Karfreitagsgeschehens wird uns – wenn wir den Aussagen des Neuen Testaments in ihrer Gesamtheit folgen – bedeutet, nicht beim Kreuz selber stehen zu bleiben. Am Karfreitag ist letztlich nicht das Kreuz im Zentrum der Liturgie. Vielmehr gedenken wir eines Menschen, des Menschen Jesus von Nazaret. Es gilt somit, vom Kreuz zum Gekreuzigten, zu Jesus aufzubrechen. Es kommt somit darauf an, nicht den Blick auf das Kreuz und das Kreuzesgeschehen zu fixieren, sondern zu dem hin zu wenden, der das Kreuz erleiden und den Karfreitag erdulden musste. Damit wird nicht Halt und Sinn beim Kreuz und Leiden selber gesucht, sondern das Vertrauen wird auf den gewaltlosen Jesus gesetzt, dessen Leben gewaltsam zerstört wird.

Dies scheint – mit den Augen des Glaubens betrachtet – die eigentliche und einzig erlaubte Kreuz-Enthüllung unseres Lebens zu sein. Das Schmerzliche und Leidvolle wird nicht weggewischt; es wird nicht billig und naiv getröstet. Vielmehr: Selbst schmerzvolle Erfahrungen werden aus dem Lebensstrom der Hoffnung, die Jesus uns eröffnet hat, nicht herausgenommen. Erst dann und nur dann ist Kreuzverehrung sinn-voll, wenn nicht das Kreuz, sondern der Gekreuzigte verehrt wird. Nicht das Kreuz und Leiden geben aus sich heraus Sinn. Befreiend und heilend sind vielmehr Umkehr zu Jesus und tätige Hinkehr zu seiner Botschaft.

Schon an den Menschen unter dem Kreuz wird ersichtlich, wie unterschiedlich sich Menschen verhalten – je nach dem, ob sie beim trostlosen Ärgernis des Kreuzes stehen bleiben oder ob sie ihren hoffenden Blick auf Jesus richten. – Die beiden Schächer zeigen die ganze Spannbreite, wie Menschen auf das Karfreitagsgeschehen reagieren – ähnlich wie beim Verrat von Petrus und Judas (Lk 23,39–43).

Einer der Schächer reiht sich in die Reihe der Spötter ein. Er sieht nur das totale Ende. Er wird zynisch gegenüber Jesus: »Wenn du der bist, den du vorgibst zu sein, dann zeig doch, was du kannst und lass uns vom Kreuz heruntersteigen ...« Jesus wird nicht ernstgenommen. Es gilt nur die aussichtslose Tatsache des Verbrechertodes am Kreuz. – Damit bleibt der Schächer zu seiner Linken beim Ärgernis des Kreuzes stehen; der Zugang zum Gekreuzigten ist verhindert. Das eigene Kreuz wird gegen Jesus ausgespielt, statt dem Gekreuzigten zu vertrauen.

Der andere Schächer erleidet auch Todesangst und Sterben. Er bleibt jedoch nicht beim Fluch des Kreuzes stehen oder bei seiner Schuld, sondern er bricht zu Jesus, dem Mitgekreuzigten auf: »Mir geschieht recht; dieser hat aber nichts Unrechtes getan.« Er hat somit sein Leiden und Kreuz nicht gegen Jesus ausgespielt. Er konnte zwar damit sein Leid und die harten Realitäten nicht abschütteln. Aber er fand durch sein Kreuz zu Jesus ... und gewann trotz Sterben alles: »Heute noch wirst du mit mir sein ... im Paradies.«

8. Durchkreuzte das Kreuz nicht auch das Vertrauen Jesu auf Gott?

Können wir nicht weiterfragen, ob das Kreuz nicht auch für Jesus hätte eine Versuchung zur abgrundtiefen Verzweiflung sein können. Karfreitag bedeutete doch für ihn Sterbenselend und Todesangst. Bis ins Sterben hinein wird er gedemütigt. Die Berichte darüber sind unerträglich. Bis in die Tiefe seines Daseins war er heimgesucht und aller Möglichkeiten, sich vor den Menschen zu rechtfertigen oder moralisch doch Recht zu erhalten, beraubt. Alle seine Wunder und seine Heilungen, seine Botschaft und sein Eintreten bei den Menschen für Gott, den er seinen Vater nannte, schienen doch in einem tragischen Umsonst und in einem zynischen »Was soll's« zu enden. Seine Predigt vom Reiche Gottes und sein Ruf, die Herzen in seiner Nachfolge zu erneuern, schienen vergeblich. Durchkreuzte somit sein Kreuz nicht auch seine Botschaft von einem Gott, der den Menschen in Liebe nahe sein will? Hat sich Jesus verrechnet und getäuscht – mit seinem Gott? Auch dem Menschen Jesus wurden keine Warum-Fragen beantwortet.

Könnte es nicht auch die Versuchung Jesu gewesen sein, bei seinem Kreuz und Leiden stehen zu bleiben, verbittert zu verhärmen, an den harten Realitäten zu zerbrechen, ob der Erfolglosigkeit zu kapitulieren, sich selbst wegzuwerfen und der verlorenen Treue Gottes, auf den er alles gesetzt, nachzutrauern, in unermesslicher Enttäuschung den Glauben an Gott als einen ihm in Liebe nahen Vater zu verlieren ... und zu verzweifeln?

9. Hingabe an Gott – trotz Warumfragen

Jesus spielte seine Verlorenheit und sein radikales Scheitern vor den Menschen, sein Kreuz und Zerbrochenwerden am Karfreitag nicht gegen Gott aus. Er ging seinen Weg – durch das Kreuz, durch das Leiden und Sterben hindurch. So ist sein im Evangelium berichteter letzter Schmerzensschrei: »Mein Gott, mein Gott, warum hast du mich verlassen ...« (Mk 15,34 = Ps 22,2) kein Ausruf einer Verzweiflung, die die eigene Treue und Liebe aufkündigt. Es ist vielmehr ein Schmerzens-Ruf an Gott, der gerade nicht abgelehnt oder als fraglich angerufen wird, sondern an den man sich – wenn auch in sterbenselender Not im katastrophalen Zusammenbruch – wendet und dem man alles überlässt und dem man vertraut, auch wenn man nicht mehr für sich selber eintreten kann: Hingabe in Hoffnung.

Auch darin wird gerade der alternde Mensch wieder an das Verhalten Jesu im Abschiednehmen und Sterben erinnert. Er stellte am Kreuz nicht seine Bedingungen an Gott, sondern überantwortete sich dem, der sich nicht meldet: »In deine Hände empfehle ich meinen Geist« (Lk 23,46).

Sind damit Kreuz und Leid für sinnvoll erklärt? Jesus hat sie nicht gesucht. Aber er hat sein Kreuz und seine Sterbenserfahrung gleichsam auf Gott hin enthüllt. Dadurch hat er Gott gegen die Tagesordnung des Leidens ausgespielt und gegen die Gesetze und Allmacht des Todes. In Jesus siegt nicht das Kreuz über Gott, sondern der Gott Jesu über das Kreuz. Es ist durchbrochen, in seiner Tödlichkeit durchkreuzt. Mit anderen Worten, Leid und Tod sind wohl für uns Menschen das letzte Wort, aber von Jesus her nicht das allerletzte Wort. – Es wird Ostern.

10. Es bleibt das bekennende Zeugnis: Jesus lebt (Ostern)

Den Weg Jesu können wir bis in diese letzte Todesnot und Entäußerung verfolgen. Dann zerreißt der Vorhang unserer Vorstellungswelt. Auch unsere Worte zerbrechen, meine Vorstellungskraft zerreißt.

Nun beginnt bekennendes Reden, der Blick mit den Augen des Glaubens. – Im Zeugnis für den auferstandenen d. h. aus dem Tod auferweckten Jesus fand die Erfahrung der Frauen und Jünger, dass Jesus lebt, ihren Ausdruck.

Das will heißen: Gott blieb Jesus treu und beließ ihn nicht unter dem Gesetzt des Todes. Er nahm ihn auf in den Kreislauf seines Lebens, in seine Gemeinschaft. Das ist das Erregende des Ostermorgens: Jesus lebt. Seine Botschaft, sein Leben und Wirken sind nicht vergeblich und sinnlos, sondern vom Gott Jesu her beglaubigt. Der Prozess Jesu wird nochmals aufgerollt, beginnt von vorne – aber jetzt mit den Vorzeichen, die von Gott her gesetzt sind.

Für den Karfreitag der Menschheit und für das Leben des einzelnen gilt: Kreuz, Leid und Leiden, Schuld und Böses sind Wirklichkeit … wie auch die menschlichen Erfahrungen der Liebe, des Glücks und der Dankbarkeit. Alles Wegsehen und Wegreden der Realitäten hilft nichts und heilt noch weniger.

Aber inmitten dieser Realitäten wird offenbar: Gott steht zu Jesus – auch zum verstorbenen und begrabenen Jesus. Im Abbruch des irdischen Lebens Jesu geschah der Aufbruch zu neuem Leben. – Von Jesus her gilt nun: Das Leid und unsere Schuldverstrickung, die Vergeblichkeit unserer Bemühungen, selbst das Sterben sind keine absolut gescheiterten, keine verfluchten Wege mehr. Unsere Ohnmacht ist nicht das Mass für das Leben, sondern die Macht der Liebe, die Jesus uns enthüllt hat.

Für uns ist somit entscheidend: nicht verkrampft und verzweifelt auf das Kreuz fixiert zu bleiben, sondern aufzubrechen zum Gekreuzigten. Weg vom Grab Jesu hin zu dem, der lebt. Das ist und wäre Kreuz-Enthüllung im Alltag unseres Lebens und in der Wucht und Ausgeliefertheit leidvoller Erfahrungen.

Von Ostern her ist die Zuversicht in die Furchen unseres Lebens gestreut, dass wir nicht mehr mitten im Leben vom Tod umfangen sind, sondern im Tod vom Leben.

An Ostern feiern wir den wesentlichen Kern des christlichen Glaubens: Jesus, der am Kreuz gestorben ist und begraben wurde, ist von Gott, den er seinen Vater nannte, in dessen Leben auferweckt und aufgenommen worden. Und wir dürfen im Vertrauen auf diesen Weg Jesu für uns und für alle Menschen hoffen, was wir von Jesus Christus bekennen: dass Gott zu einem jeden Menschen sein Ja der Liebe spricht, das unsere Hingabe ermöglicht und Hoffnung eröffnet.

11. »Was sucht ihr den, der lebt, bei den Toten?« (Lk 24,5)

Für die Gegner Jesu hatte sich zwar der Justizskandal mehr als gelohnt. Der Prediger mit seinen lästigen Warnungen vor Herzenshärte ist ein für allemal mundtot gemacht. Es ging auch ihnen – wie so oft in der Geschichte – um Geld und Macht. So machten sie Jesus schadlos.

Es herrschten wieder klare Verhältnisse. Die Jünger Jesu haben sich wie unter einem Schock in alle Wind-Richtungen zerstreut. Die Hoffnungen, die so viele Menschen auf Jesus setzten, seine Botschaft vom Reich Gottes, in Gerechtigkeit und Frieden versanken scheinbar für immer ins Grab.

Zurück blieben immerhin auch Verehrung, dankbare Liebe und echte Trauer, vor allem wenn wir an die tapferen Frauen um Jesus denken. Aber auch Verehrung, Dankbarkeit und Trauer – man weiß das – sterben auf die Dauer und verlieren sich in unauffindbaren Gräbern.

Die Szene berührt: Einige Frauen wollen Jesus über dessen Tod hinaus etwas Letztes, etwas Liebes, eine letzte Ehre erweisen; sie wollen ihn salben und ihn für sein Totsein herrichten. Aber schlussendlich konnte man den Toten nur beerdigen, dem Lauf der Natur überlassen.

Mit dem Gang zum Leichnam tragen sie aber auch ihren Glauben, ihre Zuversicht und Hoffnung zu Grabe. Der Herr ist tot, die Geschichte mit ihm restlos aus. Er, der bei den Menschen für Gott eingetreten ist, der den Menschen vielfach heilend begegnet ist (Heiland), ist an seiner Gegnerschaft zerbrochen. – So wurde das Grab Jesu für sie zur Totengruft für beerdigte Hoffnungen.

12. »Jesus lebt«

Mitten in dieser enorm trostlosen Trauer werden die Frauen überrascht, das Grab ist leer. – Und sie hören die Frage: »Was sucht ihr den Lebenden bei den Toten?« (Lk 24,5). Die Frauen erfahren, dass Jesus lebt. – Wie das geschehen ist, wird nicht erklärt. Lange glaubten wir Theologen, uns darüber ins Licht setzen und die Auferweckung mit dem Hinweis auf das leere Grab beweisen zu können. Aber eindeutig bleibt die geschichtliche Wirkung dieser Botschaft: Jesus gehört zu den Lebenden. Die zentrale Botschaft der Osternacht will sagen: Jesus ist nicht im Tod geblieben, sondern auferweckt worden zu vollem Leben, zum Dasein im Lebenskreis seines Gottes, von dem er in Wort und Tat und mit seinem Leben Kunde gebracht hat, auf den er sterbend alles gesetzt hat.

Plötzlich begannen seine Jünger und Jüngerinnen, Jesu Leben und Sterben neu zu sehen und tiefer zu verstehen. Sie mussten eilends vom Grab zu den Jüngern Jesu, um ihnen die Botschaft zu überbringen, dass Jesus lebt. Und sie fanden zum Glauben an Jesus, indem sie das Sterben Jesu im Lichte seiner Worte, Wunder und seines Lebensweges zu deuten versuchten. Die historische Erinnerung an ihn verdichtete sich zum Glauben an ihn. Am Wortlaut seiner Worte, an seinen Wundern und an seinem heilenden Handeln, die sie persönlich erfahren und erlebt haben, kamen sie zum Glauben an Jesus als Christus, dass der gestorbene und begrabene Jesus von Gott zum Leben in Fülle auferweckt wurde. Sie mussten weg vom leeren Grab, um zu verkünden, was sie gesehen haben, und um davon Zeugnis zu geben. Wie eine Zündschnur das Feuer weitergibt, so sollte diese Botschaft der Osternacht ihren Lauf durch die Geschichte nehmen.

Der fundamentale Refrain der urchristlichen Verkündigung lautet: Jesus ist gestorben – begraben – und auferweckt worden. – Die Osterbotschaft schließt die erschreckende Karfreitagserfahrung mit ein, ja erschließt erst das Geheimnis des Sterbens und des Todes Jesu. Andererseits ist Ostern nicht einfach ein erdachtes Phantasieprodukt, sondern hat zu tun mit der historischen Lebensgeschichte eines konkreten Menschen, mit seinem Karfreitag und mit seiner Sterbeerfahrung.

Dass Gott dem gekreuzigten und begrabenen Jesus die Treue hält und auch in seinem Tode noch zu ihm steht, gibt Jesus, seinem Leben, seinen Taten und seinem Wort Gültigkeit. Sein Leben und Sterben sind nicht vergeblich. Der letzte Augenschein unserer irdischen Sichtweise in Raum und Zeit erwies sich nicht als allerletzte Tatsache.

Die Ostererfahrung der Frauen am Grabe und der Jünger war denn auch: Er lebt. Karfreitag und Ostern zusammen bedeuten in diesem Sinn: Im Abschluss des irdischen Lebens Jesu geschah der Aufbruch und Durchbruch zu neuem Leben und Werden.

Das, was wir von Jesus glaubend bekennen, dass er nämlich im Sterben und Tod Gott noch als liebenden Vater fand, wird zur Hoffnung für uns alle. Denn der Gott und Vater Jesu ist kein weltferner und jenseitsentrückter Gott, der sich gleichsam in unberührbarer Unschuld zu uns Menschen und zur Welt auf Distanz hält. Er überlässt uns nicht zynisch der Macht des Todes und der eigenen Ohnmacht und Resignation.

Im Glauben an Ostern gilt vielmehr: »Fürchtet euch nicht! Ich bin mit euch.« Und dies sagt jener, der selber unseren Weg gegangen ist, der den Karfreitag durchlitten, der die menschliche Not und letzte Herausforderung am eigenen Leibe erfahren und – uns voraus – sein Sterben »durch-lebt« hat.

13. »Wer wälzt den Stein vom Grab?« (Mk 16,3)

Am Verhalten der Frauen und Jünger können wir erkennen, worauf es für uns heute ankommt: nicht Tote suchen, nicht beim Leichnam verweilen, nicht zu den Grüften des Todes eilen; sich nicht darin verlieren, nur Gräber zu hegen. Vielmehr gilt: weg vom Grab, weg vom Einbalsamieren, weg von der Totenpflege; Umkehr vom Sterben und Abkehr vom Tod als Hinkehr zu dem, der lebt und neues Leben verheißt. Glauben bedeutet nicht nur Bekenntnis, sondern auch Praxis bzw. Handeln aus diesem Bekenntnis heraus.

Und wie stellen wir uns dazu? – Gibt es im gesellschaftlichen und im privaten Leben, in der Öffentlichkeit und im internationalen Zusammenleben der Völker oder auch in der Kirche Gräber, Totenkammern, Grablegungen, Totenpflege und Einbalsamieren? Bleiben wir im Alltag unseres Lebens nicht zuweilen lieber in den Totenkammern unserer Abhängigkeiten und Gewohnheiten, der unbeweglichen Sattheit eines sturen Herzens sowie in den Gräbern unserer Vorurteile und der Selbsttäuschungen liegen, statt aus solchen Gräbern aufzustehen und auszubrechen? Oft können und vermögen wir dies nicht selber trotz des eigenen guten Willens. Dann stellt sich die Frage, wer wälzt den Stein weg von unseren Gräbern der zermürbenden Ängste, der Depressionen, des Zynismus und der Lebensmüdigkeit, auch den Stein der Dummheit und Missgunst, der Sucht nach Geltung und Geld und alledem, das uns Mund und Gemüt zuzuschnüren droht?

Und wo wälzen *wir* Steine von Gräbern weg, in denen Menschen durch Schicksalsschläge, durch eigenes Versagen oder durch das, was wir Schicksal nennen, gefangengesetzt und hilflos gemacht, sozusagen eingesargt dahinvegetieren? Das gehört auch zur Osternacht mit ihrem Licht der Freude, dass Menschen aus ihren Totengrüften auferweckt werden und dass von solchen Gräbern die Steine weggeschoben werden. Oder ist es zuweilen bequemer, andere in ihren Gräbern zu lassen oder gar selbst liegen zu bleiben? Uns ist aber der Weg als Hoffnung gewiesen, als Weg zum »Leben in Fülle«. Wie ist das zu verstehen? Im Horizont der Hoffnung im Vertrauen auf den Weg und die Botschaft Jesu stellen sich wieder praktische Fragen. Wie handeln und sich verhalten, wenn man/frau älter wird und der Lebensweg zwischen unbeantworteten Warum-Fragen und der Hingabe in Hoffnung gestaltet sein möchte? Gibt es nicht gerade auch im Rhythmus der Alterungsprozesse Tücken und Gefahren, liegen bleiben zu lassen, auch sich selbst? Oder die Chance, Steine wegzuwälzen, bei sich und bei anderen?

Vielleicht schenkt sich auch uns, was im Bericht über die Auferstehung zu lesen ist. Den Jüngerinnen und Jüngern, die den toten Jesus aufsuchten, wird bedeutet: »Fürchtet euch nicht. Ihr sucht Jesus von Nazareth, den Gekreuzigten. Er ist auferstanden, er ist nicht hier ...« (Mk 16,6). – Gott bleibt unserer Vorstellung entzogen; aber Er ist mit uns.

DARUM
Roll den Stein vom Grab,
HERR,
denn der Wächter
ANGST
in uns,
er schläft manchmal
und wird sich nicht dagegen stellen.

Hilf uns,
das Kreuz umarmen,
HERR,
denn durch Dich
ist es zum Lebensbaum geworden,
der uns lehrt,
wie Nacht, Verzweiflung, Tod
ihm Blüten,
reife Früchte,
freudiges
Erstehungsgrün
entlocken,
wenn wir es bloss
zu halten wissen,
so wie Du.

Lass aus der Finsternis
die Morgenröte steigen,
HERR,
die unbeirrbar gütig
Morgen schenkt,
den Sturm verjagt,
das Beben unsrer armen Erde
stillt und sänftigt.

Und lass uns Neues weben,
HERR,
aus dem zerrissnen Vorhang
Deines Tempels:

um den ewig jungen Bund,
den Du uns schenkst,
zu feiern,
uns gegenseitig
liebevoll
und licht
zu kleiden.

Dann hilf uns weitergehen
HERR,
immer im Aufbruch,
Gerufene,
Geborgene,
Geliebte
Deines Seins.

Lass
Auferstehungs-Licht
in unsre Seelen regnen,
wie den Tau der jungen Wiesen,
HERR:

Und lass uns Menschen
mit Dir,
für einander sein,
uns setzen, singen:

Und das Abendmahl,
das einst das letzte war,
wird nun erstes Mahl:
neu,
ewig jubelnd,
EINS.

Maria-Christina Fernández

VI.

Plädoyer für Alterskulturen – durch und für ältere Menschen

Wie gehen wir damit um, dass Älterwerden zum Werden reift? Welche konkreten Schritte sind zu beachten? Für die Praxis kenne ich keine Patentrezepte. Was könnte man sich trotzdem zu Gemüte führen lassen?

1. Im Blick auf die dritte Lebensphase

Konsens besteht heute wohl darin, dass eine Alterskultur nicht nur betreuerisch für die älteren Menschen, sondern zuerst mit ihnen und durch sie entwickelt und gestaltet wird. Das schattiert bis zu einem gewissen Grad auch das pastorale Handeln der Kirche zwischen der dritten und vierten Altersphase.

Das frühe Rentenalter ist in der Regel nicht das Alter, um sich gleichsam frühzeitig zur Ruhe zu setzen und sich mit seinem Hobby zufriedenzugeben. Man ist nicht mehr erwerbstätig, aber in der Regel noch arbeitsfähig und aktiv. Man zählt sich keineswegs zu den Alten. Nach der Familien- und Berufsphase verspüren ältere Menschen oft das Verlangen, sich politischen, wissenschaftlichen, künstlerischen und musischen Gebieten zuzuwenden wie Bildungs- und Theatervorstellungen, Werkwochen, Meditationswochen in den Bergen, Tagungen und Seniorenstudium; bevorzugt werden Angebote wie Philosophie, Psychologie, Theologie, Politik, Geschichte, Kunstgeschichte, Soziologie, Sprachen. Wichtig sind Veranstaltungen, die sich auf praktische Tätigkeiten beziehen wie Basteln, Musik, Kochkurse, soziales Engagement und Pflegedienste usw. (Paul Schladoth, Altenpastoral; Lehrbrief 12, Würzburg 2009, 91). In Kooperation mit Quartierarbeit und mit Pfarreien ist so zum Beispiel in

Bern ein Netzwerk für Seniorenarbeit entstanden: »Agenda-60plus«. Ähnliche Anliegen verfolgt der Verein »Gérontopôle« in Fribourg. Man stelle sich vor, was Großeltern, vor allem Großmütter, für die Enkelkinder alles einbringen und welche Verantwortung sie mittragen. Manche sogenannte modernen Familienmodelle wären gar nicht zu leben ohne diese oft sehr diskrete Hilfe. Das familiäre Umfeld ist ja nicht nur Rückzugs-Idylle, sondern ein Ort, der viel seelische Kraft, Geduld und menschliche Zuverlässigkeit erfordert und erfährt, der aber auch krisenanfällig sein kann.

Der kirchlich-pastorale Bereich ist ohne das Engagement der älteren Frauen und Männer kaum vorstellbar. Was machten Pfarreien und Standesorganisationen bzw. kirchliche Vereine und viele Projekte ohne die Ehrenamtlichkeit der Seniorinnen und Senioren? Denken wir an den Sozialdienst katholischer Frauen und Männer, an neue Modelle gemeinschaftlichen Wohnens, an Ferienseelsorge, an Bildungshäuser und Erwachsenenbildung usw. Im karitativen Sinn sind es zum Beispiel Institutionen für ältere Menschen wie Pro Senectute, Seniorenresidenzen, Altenheime, Hospize, Spitex bzw. Tagespflege oder die ökumenische Initiative »Wegbegleitung« u. a. in Baselstadt zur fachlichen Unterstützung älterer Menschen mit häuslichen Problemen oder bei Behördengängen etc.

Gerade für die dritte Lebensphase sind hier viele Formen des Engagements mit und durch ältere Menschen in Erinnerung zu rufen: Besuchsdienste, Sorgentelefone bzw. Telefonseelsorge, Sterbe- und Trauerbegleitung, Nachhilfeunterricht, Elisabethen- und Vinzenzkonferenzen, Eine-Welt-Kreise, Seniorentreffen und Zusammenkünfte mit attraktiven Angeboten (Wandern, Kinobesuch, Kartenspiel …) und mit anspruchsvollen Themen bis hin zur Rechenschaft über die eigene religiöse und kirchliche Biographie, gerade wenn man sich mit den rasanten Wandlungen in Kirche und Gesellschaft schwertut und Neuorientierung sucht. Dies führt auch zu einer tieferen Erkenntnis der eigenen Persönlich-

keit. In diesem Zusammenhang sind auch die Mitarbeit bei Erst-
kommunion und Firmvorbereitung, ökumenische Gottesdienste,
Meditationen und Wortgottesdienste zu nennen usw. – Es wären
in diesem ganzen Kontext auch teilzeitliches Engagement im
kirchlichen und pastoralen Dienst und entsprechende Ausbil-
dungs-Module verstärkt in Erwägung zu ziehen. Zu denken dabei
ist an die Kurse »Theologie 60plus« der Theologiekurse in Zürich
mit sieben inhaltlichen Schwerpunkten in jeweils 7 Matineen.

Beachtenswert ist nicht nur die Vernetzung mit verschiedenen Milieus im gesellschaftlichen und kirchlichen Kontext, sondern auch intergenerationelle Kommunikation. Eine Schweizer
Untersuchung im Jahr der Freiwilligkeit will eruiert haben, dass
neben Sport und Politik (Gewerkschaften, Parteien) vor allem
die Kirchen mit ihren Gruppen, Vereinen und Projekten eine
überdurchschnittliche Verflechtung der verschiedenen Generationen miteinander erreichten.

Wo immer aber freiwillige oder teilberufliche Aufgaben
durch und für ältere Menschen wahrgenommen werden, stellt
sich die Frage nach der begleitenden und vertiefenden Aus- und
Weiter-Bildung und nach der Vernetzung und Mitsprache im
entsprechenden Aufgabenbereich. Oder bleibt man/frau sich
dann selbst überlassen bzw. allein gelassen? Es geht um partizipatorische Mitsprache im kirchlichen Bereich. Die Charismen
der älteren Menschen sind somit eine Anfrage an das Kirchen-
verständnis und die kirchlichen Strukturen. Aber letztlich geht
es um das eigenverantwortliche Handeln – auch in reformbe-
dürftigen Institutionen.

Für dieses dritte Lebensalter ist das Altern kaum ein herbei-
gesehntes Thema. Man ist noch im Erfolgsstatus und Aufbruch-
modus. Altern ist eher aus einer Distanz betrachtet. Aber die
existentiellen Themen sind nicht von der Hand zu weisen. Die
Fragen der Pensionierung, der Lebensbilanzen, der familiären
Situationen, des Alleinseins oder Alleingelassenseins, der finan-
ziellen Absicherung, der weiteren Zukunftsperspektiven, aber

auch des Verhältnisses zur Kirche zwischen Verabschiedung und tiefer Verwurzelung seit der Kindheit, traumatische Prägungen und »diffuses Wonnegefühl« (Günter Oberthür) sind Einfallstore und Chancen für tiefere Fragen um Spiritualität und um eine subjektive Alterskultur.

2. Im Blick auf die vierte Lebensphase

In der vierten Lebensphase verschiebt sich die Situation eher dahingehend, dass die verbleibenden Chancen genützt werden, die Zumutungen des Alterns nicht verdrängt und die Erfüllung mancher Lebenswünsche dankbar angenommen werden. Aber man muss immer mehr von alt Vertrautem und alten Vertrauten Abschied nehmen. Aufgaben und Rollen werden in jüngere Hände gelegt. »Es heißt abzudanken, also sich mit Dank zu verabschieden«; es geht um die Kunst des Abdankens (Peter Bromkamp, »Wenn Pastoral Alter lernt.« Pastoraltheologische Überlegungen zum Vierten Alter. Studien zur Theologie und Praxis der Seelsorge 96, Würzburg 2015, 110). Auch dafür gilt es, freier und unabhängiger zu werden, bewusster von innen her zu leben und in Würde sich auf das Sterben hin zu öffnen. Lassen wir uns dann auf die Situation ein, wenn die Kräfte schwinden, um diese zu sammeln für das, wofür man sie noch braucht?

Was in dieser Hinsicht alles in und durch Kirche mit, durch und für die älteren Menschen geschieht, ist ob der Fülle nicht zu systematisieren. Dieses Thema verdient aber unsere ganze Achtsamkeit. Wenn die Lebensjahre zunehmen, werden die Herausforderungen für die Gesellschaft und auch für die Kirchen größer. In diesem Bereich und bei der Sterbebegleitung warten viele darauf, nicht alleine gelassen zu werden. Und man ist dafür der Kirche vielfach dankbar. Die Realität sieht im Detail aber nicht immer so ideal aus. Ich erlebte vor wenigen Jahren beim Sterben und Tod meiner Mutter, dass Kirche zuerst nicht da war. Ich erlebte eine amtlich kühle Kirche und musste sie sozusagen organisieren. Gott sei Dank durfte ich auch ganz andere Erfahrungen machen. So erfüllt mich heute noch Dankbarkeit dafür, dass eine sensible und achtsame Spitalseelsorgerin die Kranken-Salbung spendete, die meine Mutter sehr tief berührt und ihr gut getan hat. Für all jene Frauen und Männer kann man nur dankbar sein, die älter werdenden Menschen und Sterbenden begleitend nahe sind, die eigene Hilflosigkeit aushalten und diese nicht fliehen. Diese Dienste gewinnen in Zukunft noch an Bedeutung und verdienen mehr gesellschaftliche Beachtung und Anerkennung.

3. Sterbehilfe: Hilfe zum Sterben

Diese Fragen sind schon mehrfach berührt worden. Sie gehen ans »Lebendige«. Im Vergleich zu unserer Jugendzeit, als die moralischen Bewertungen von Selbstmord noch »geregelt« erschienen, haben sich bahnbrechende Veränderungen ergeben. Man denke zum Beispiel an Exit in der Schweiz bzw. an organisierten Suizid angesichts von unzumutbarem Leiden. Man argumentiert mit Selbstbestimmungsrecht, ähnlich Dignitas, ein Verein für »menschenwürdiges« Sterben. Was meint man letztlich mit Selbstbestimmung? Gerade im extremen Leiden erlebt sich der Mensch kaum mehr als selbstbestimmt. Das menschliche Leben ist meist weniger selbstbestimmt als behauptet wird. Das fängt schon bei der Geburt an; niemand wird gefragt, ob er geboren werden wolle.

»Immer mehr Schweizer treten Sterbehilfeorganisationen bei, neuerdings auch alte Menschen, die gesund sind« (Schweizerische Kirchenzeitung 27–28/2016, 374). Dadurch erlangt eine der großen Fragen der Gegenwart eine enorme Aktualität. Diese betrifft nicht nur ideologische, politische und wirtschaftliche Aspekte, sondern auch Fragen nach dem Humanum, nach den

Werten und religiösen Menschen- und Lebensbildern. Sich einfach schlagwortartig auf Selbstbestimmung zu berufen (man hat ein Recht ...), unterschlägt die menschliche Tragweite und die Achtsamkeit für Lebensprozesse, die ans Ganze gehen und die Angehörigen massiv miteinbeziehen. Was Selbstbestimmung meint, ist rechtlich nicht geklärt (Gordana Mijuk, Der Tod gehört mir, in: NZZ am Sonntag, 4. Dezember 2016, 23). Ein »selbstbestimmter« Tod hinterlässt bei Angehörigen oft viele Wunden. Es geht nicht nur um eine Pragmatik, sondern auch um Ethik. Und wenn wir die Werte heute nicht verteidigen, werden sie uns morgen nicht retten.

Um es vorweg einzugestehen: Man weiß nie ganz sicher, wie man sich selber später in bestimmten Lebenssituationen verhalten wird. Wie es sich vielfach zeigt, können nicht nur unerträgliches Leiden und Lebensverstimmung plötzlich das Ende herbeiwünschen lassen, sondern das schubweise auftretende Gefühl der Mattigkeit und des Lebensverdrusses. Herbe Enttäuschungen können die heimliche Verheißung unserer Sehnsüchte verraten, aber auch den Lebenswillen zerstören. Vieles wird eine Frage der psychischen und körperlichen Kraft und der seelischen Reserven. Sterben kann friedlich und »einschlummernd« sein, aber auch dramatisch schmerzhaft und lang. Und den Kampf gegen das Sterben gewinn dann letztlich doch der Tod. Auch Angehörige können die Geduld verlieren und an die Grenzen ihrer Kräfte gelangen. Wie ist es, wenn man die Kontrolle über sich selber verliert und »unzurechnungsfähig« sich hilflos gehen lassen muss und gegebenenfalls nur hoffen kann, dass dies einem nicht verübelt wird. Und wie ist es, wenn Familien aus Scham ihre Kranken und Behinderten vor der Öffentlichkeit verstecken? Man wird sich selber und anderen zur Last. Von daher würde ich – bei allem Grund zur Lebensfreude und Dankbarkeit – nie im Voraus garantieren, dass man bei extrem schmerzhaften Erfahrungen nicht auf Hilfe zum Sterben setzen würde, selbst wenn man das im Jetzt des Lebens »absolut« nicht möchte und es »letztlich Gott überlassen will«.

Trotzdem gibt es grundsätzliche Bedenken und Einwände gegen die (vereinsrechtliche) Organisation von Sterbehilfe bzw. von Freitodbegleitung. Wie ist das mit der Würde des Menschen zu verbinden, wenn Menschen »entsorgt« werden aus Rücksicht auf mangelndes Pflegepersonal, auf finanzielle Belastungen und soziales Risiko (Entlastung). Wenn der Markt mit seinen Rankings im Zentrum des gesellschaftlichen Lebens steht, dann stören jene, die nicht produktiv sind, die Behinderten, die Gebrechlichen und die Alten. Die Menschheitsgeschichte hat zur Genüge bewiesen, dass »Sterbehilfe« unter dem Begriff »Euthanasie« zur grausamen Methode für andere Zwecke und Ideologien verkommen kann. In dieser Beziehung vermisse ich bei Stellungnahmen zum Beispiel von Exit gegen kirchliche Positionen zur Sterbehilfe (mit Betonung der Palliativpflege ...) eine differenzierte Argumentation. Arrogante Schlagworte (Unterstellung von Zynismus) bieten keine Hilfe. Es müsste vielmehr zum Gespräch zwischen Kirchen und Sterbehilfe-Organisationen kommen. Die Gefahren zur Ausweitung sind offenkundig. Am Anfang hieß es, diese Organisationen würden den assistierten Suizid nur bei extrem Kranken begleiten. Heute reden sie auch von Lebensmüden und in Belgien sogar von Jungen. Das Vorgehen weitet sich zu einer gesellschaftlichen Selbstverständlichkeit aus. Und was normal wird, entwickelt sich schnell zur Norm. Wenn es selbstverständlich wird, dass man gehen kann, sollen bald alle gehen, die zur Last fallen.

Allerdings gibt es auch Fragen an die kirchliche Seite. Unzumutbares Leiden kann Auslöser sein für den Sterbewunsch. »Ärztliche Sterbehilfe« ist ethisch offener zu bedenken, zumal diese »Praxis« versteckter ist als ihre öffentliche Wahrnehmung. Man spricht von einem Graubereich. Lebensverlängerung durch medizinische Eingriffe hat nicht unbedingt etwas Erhabenes in sich. Zwar kann Medizin zum Glück viel Hilfe anbieten. Aber man wird auch medizin-kritisch, weil auch die Heilkunst sich oft hilflos zeigt und naturgemäß an ihre Grenzen stößt. Trotz aller großartigen Möglichkeiten der Medizin ist sie nicht in der Lage, Wunder zu wirken. Und im Sterben zählt letztlich nur der Mensch als Er selber ganz allein. Dies kann niemand abnehmen.

4. Hilfe beim Sterben

Entscheidend wäre aber, dass Sterbebegleitung sich nicht als Hilfe zum Sterben, sondern als Hilfe beim Sterben erweist. Der Tod lenkt auf die Sinnfragen des Lebens hin. Darin liegt eine große Herausforderung an die kirchliche Seelsorge bis hin zur Gestaltung von Beerdigungen und zur Bestattungskultur. Auch in der kirchlichen Verkündigung hat sich das Verständnis von Sterben und Tod massiv geändert, wenn man Sterben früher als Straffolge für die Sünde und als Gericht Gottes mit Höllendrohungen verstand. Was ist den Menschen damit nicht alles an Trostlosigkeit und »Todes-Angst« zugemutet worden?

Wie in unseren früheren Überlegungen schon zu vermitteln versucht worden ist, gewinnen wir vom Weg und der Botschaft Jesu eine ganzheitliche Zuversicht, dass das Ende des Lebens nicht das Ende unserer Hoffnung bedeutet. Vielmehr gelangt das Leben als lebenslange Geburt im Sterben zur Erfüllung, der Abbruch entfaltet sich als Durchbruch.

»Den Tod zum Tabu zu erklären und Alter und Krankheit zu ignorieren, darin liegt kein Sieg über die Furcht vor dem Tode« (Liliane Juchli, Alt werden, alt sein; Basel [5]1993, 182). Beim Älterwerden kann es befreiend sein, sich um die Wege zum Sterben zu kümmern und bereit zu werden, sich dem zu stellen, was einem »bestimmt« ist. In diesem Zusammenhang hilft es, sich Gedanken über das Leben und Sterben im Horizont der Evolution zu verstehen. Im Werden und im Loslassen, in der Hingabe in das Unausweichliche nehmen wir teil am Prozess der Schöpfung. Es ist ein Geschehen, das zu seinen Anteilen die Welt bzw. die Schöpfung in Bewegung und am Leben hält. Und Altern kann eine Chance werden, in der eigenen Mitte zu ahnen, dass wir mitten im Sterben vom Leben umfangen sind. Hilft nicht die christliche Botschaft, sich dieser Vision zu öffnen?

Sicherheit gibt es wohl kaum, wohl aber Vertrauen. Gemeint ist ein Loslassen ins Unvermeidliche und Hingabe an ein Gegenüber, an ein »Du«, das uns durch die Prozesse des Lebens und Sterbens entgegenkommt, auch wenn dieses »Du« Geheimnis bleibt. Um es zu wiederholen: Nicht *was* nach dem Tode kommt, ist die erste Frage, sondern *wer* im Leben und im Sterben auf uns zukommt.

Wenn die Sicherheit der medizinischen Kunst und der therapeutischen Instrumente schwinden, kann begleitendes Mitgehen dieses Vertrauen stützen und Trost spenden. Der Weg, den der einzelne Mensch letztlich nur selber gehen kann, wird nicht abgenommen werden. Auch die Utopien eines »gelingenden« Lebens können schnell zerrinnen, wenn Endlichkeit anzunehmen und Angewiesenheit zu lernen ist. Im Sterben sind wir zwar »Anfänger«. Aber viel kann gewonnen und geschenkt werden, wenn Menschen in Not mit sich und ihrer Mitwelt den Weg nicht alleine gehen müssen, sondern von anderen Menschen begleitet und ausgehalten werden.

In diesem Kontext können Pflegepersonal und Seelsorger/innen eine Hilfe sein, wenn Angst machende Gottesbilder und religiöse Fixierungen loszulassen sind und das Vertrauen auf das »unbekannte« DU gewagt und in diesem Horizont selbst Angst zugelassen werden darf. Diese spirituelle Öffnung als Selbst-Hingabe bedarf der sie begleitenden Kommunikation und der mitmenschlichen Solidarität durch verantwortliche Leute, die eventuell auch ihren eigenen Warumfragen und Ängsten sowie ihrer fachlichen Ohnmacht begegnen und diesen trotzdem nicht ausweichen. – Für die Seelsorge kann dies bedeuten, Sterbewillige zu begleiten, auch wenn man Suizid selber nicht akzeptiert.

Es geht – soweit möglich – um bessere Lebensqualität und um das Anliegen, das Leiden schwerkranker Menschen zu linden. Auch wenn nichts mehr zu machen ist, gibt es noch viel zu tun. Neben Arzt und Pflegepersonal wirken Ernährungsberaterinnen, Physiotherapeuten und Ergotherapeutinnen, Kunsttherapeuten, Psychologinnen mit Seelsorgern und Seelsorgerinnen sowie mit Sozialarbeitern zusammen. Sie umsorgen und begleiten die Patienten/innen und deren Angehörige, die mit ihren Wünschen im Mittelpunkt stehen sollen (vgl. Nationale Strategie Palliative Care 2010–2012: KIPA 17. Dezember 2009), 2ff). – Somit steht nicht zuerst die mit allen Mitteln zu »sichernde« und insofern künstliche Verlängerung des biologischen Lebens im Zentrum, sondern der Mensch, den man auch »gehen« lassen darf. Was ist in diesem Zusammenhang »medizinischer Erfolg«? Was lässt sich mit der Patientenverfügung regeln und steuern?

5. Auferstehung: Werden zur Fülle der Liebe

Nicht die vermeintliche Macht, Leiden und Sterben wegzuradieren, garantiert Sicherheit, sondern ein Vertrauen als spirituelle Öffnung aus der eigenen Mitte heraus auf ein »Du« hin, das aufrichtet und auf volle Entfaltung hoffen lässt. In dieser Hoffnung kann das Sterben schon heute »Inhalt« des Betens und der täglichen Meditation sein, auch wenn der Ernstfall noch bevorsteht.

Ist nicht im Beten selber ein Hinweis auf eine Dimension gegeben, die auch im Sterben Wirklichkeit wird? Oder greife ich hier allzu unbekümmert und zu dreist nach großen Worten? Zerbricht im Sterben nicht jegliche Chance zur Kommunikation?

Wenn unser Beten in der Vielfalt des konkreten Lebens und der uns bestimmenden Einflüsse auf jenen Weg führt, auf dem wir im Glauben »Subjekt« werden, dann gerät unser Beten wie unser Glauben und Hoffen unter den letzten Vorbehalt: dass

Gott als Er selber in unserem Leben und in der Geschichte der Menschheit ankommen möge.

Geschieht dann nicht schon in kleinen Schritten des Alltags das, was im Leben und im Sterben unumkehrbar zur Bewährung ansteht? Wenn dies so ist, betrügt sich nicht jener um eine entscheidende Dimension seines Lebens oder um einen wichtigen Lebensprozess, der sich das Beten grundsätzlich als unerheblich verbittet, der darin aus lauter Aktivismus müde wird oder das Beten nur rein äußerlich oder rituell absolviert?

Wenn unser Leben im Sterben – wie wir hoffen im Vertrauen auf das Wort und den Weg Jesu – in den Lebenskreis Gottes aufgenommen und uns das verheißene neue Leben geschenkt wird, wenn wir im Teil und in der Bruchstückhaftigkeit dieses unseres Lebens sprachlos und handlungsunfähig werden, dann sterben wir hinein in den, der sich uns ganz schenkt und bei sich finden lässt. Dann erleben wird doch unbegrenzt und erfüllt das, was Gott mit uns vorhat, was es mit dem Menschsein vom Gott Jesu her auf sich hat.

Im Sterben erblinden wir, um ganz frei zu werden und offen für das volle Erleben dessen, worauf wir im Vertrauen auf Jesus als Christus jetzt in der Begrenztheit des Lebens noch unterwegs sind. Wenn wir im Erleiden des Todes trotz des dunklen und finsteren und undurchlässig scheinenden Tores uns in die Tiefe unseres Daseins fallen lassen müssen, hoffen wir doch, dass sich uns schenkt, was wir von Jesus glauben: Dort und darin den Gott Jesu als auch uns liebenden »Vater« zu finden, der den ganzen Weg mit uns geht.

Und wenn wir dann das Atelier unserer Geschäftigkeit und unserer Betriebsamkeit und den Spielraum unseres Lebens ganz der liebenden Initiative Gottes anheim stellen dürfen, dann – so hoffen wir– mündet unser jetziges Leben in das Erleben und Aus-Leben dessen, was in stammelnden Worten mit An-beten, Loben, Preisen, Danken, Freuen und Staunen zu sagen versucht wird.

Dann hoffen wir, in diesem Erleben – im neuen Leben – uns je einzeln und uns alle in Gemeinschaft zu erkennen und erkennend zu lieben; und wir werden des tiefsten Sinnes des Ganzen (des »göttlichen Funkens«) schauend inne und zwar von Dem her, auf Den hin wir – in der Enge und Gefährdetheit unseres Lebens – schon unterwegs sind: Der Horizont wird geöffnet.

6. Auch im Alter: Selber gehen – aber nicht alleine

Tun wir nicht in allen Schritten der Liebe und der Solidarität durch Versöhnung und durch Eintreten für das Leben und die freie Entfaltung der Menschen und in der Haltung und in den vielen kleinen Schritten des Betens das, was im Sterben als dem totalen Ernstfall unseres Lebens sich ereignet: Wir erblinden für den begrenzten Bereich unseres Lebens, indem wir uns für die unbegrenzte Fülle des Lebens öffnen. Und dies, obwohl uns die dunkle Nacht nicht geschenkt wird. Denn für uns, die wir uns und anderen sowie Gott gegenüber angewiesene Schuldner bleiben, bedeutet – von uns her – Sterben endgültiger Absturz ins Dunkel einer undurchdringlichen Nacht. Aber im Vertrauen auf den Weg und die Botschaft Jesu hoffen wir für alle Menschen, dass dieser unaufhaltsame Sturz in den Abgrund der Finsternis ein Fallenlassen wird in das Dunkel einer von Gott her geretteten und geheilten Zukunft – in erkennender Liebe, die zur Freude und Dankbarkeit erwacht. Sterben ist dann Werden – nach vorne.

Uns bleibt es nicht geschenkt, sich loszulassen und sich freizugeben – auch mit all dem noch nicht abgeworfenen Ballast –, wenn wir nicht mehr selber für uns bürgen und einstehen können. So zeigt sich christliches Lebensverhalten insofern, als der Mensch sich ins Leben hinauswagt und sich zu sich selber, zu den Mitmenschen und zur Umwelt begibt und auf seinen Lebenswegen im Vertrauen auf den Weg Jesu im Alltag und im gesellschaftlichen Leben »kleine Auferstehungsschritte« wagt. Dann ahnen wir, was es mit »Leben in Fülle« (Joh 10,10), mit Dankbarkeit und Staunen und in allem mit Liebe auf sich hat. So hoffen wir im konkreten Jetzt, dass sich unser Leben in einem unbegrenzten Jetzt erfüllt und sich verewigt. Ist das nicht ein Horizont, der in der Gegenwart des Diesseits Hoffnung schenkt und Mut zum langen Atem im lebenslangen Prozess der Menschwerdung? Und wer weiß, ob wir nicht in jedem jeweiligen Jetzt unseres Lebens in kleinen Schritten das erwarten, gleichsam schon üben und wagen, was im kommenden Jetzt des Sterbens als Ernstfall sich bewähren möchte in der Hoffnung, dass sich dieses Sterben zu einer unbegrenzten Erfüllung weitet, die wir stotternd Ewigkeit nennen. Die Zeit ist uns geschenkt, das Zeitliche zu segnen und die Zeit uns zum Ort des Segens werden zu lassen. Denn die Grenzen in Raum und Zeit sind nicht die Grenzen der Liebe. Darauf dürfen wir vertrauen. Und ich hoffe, dass ich das auch morgen noch bekennen darf und dass diese Hoffnung uns alle am Ende unserer Wege trägt. In diesem Sinn ist das ganze Leben Advent: Zukunft als Ankunft.

PALMSONNTAG
Geweiht
sind die Wege,
die durch
Nebel,
Frost
und Zweifel
sanft schimmernd
und
beharrlich erdig
unsre
Seelen,
Schritte
lenken.

Tieftraurig
mag uns Schatten machen,
die Fremdheit in uns selbst,
das Nicht-Erlöste:

Harfe mit zerrissnen Saiten,
Stimme ohne Klang,
Lachen ohne Herz,
zerfetzter Palmenzweig.

Doch immer
ist da
Aus-Bruch
möglich:

DEIN
Osterlicht
hat uns
berührt,
gewärmt, getauft.

Wir dürfen
segnen,
weihen,
Wege gehen
die DU uns
ins Herz geschrieben hast.
Lang' vor der Erdenbahn,
die DU uns zugedacht.

Geweiht
ist alles,
was unterm Blick
der Zärtlichkeit,
der Güte
und der Liebe
blühen,
wachsen,
Heil-sein
darf.

Geweiht sind wir:
Verletzte,
Zaudernde,
wenn wir nur
GEHEN
dahin,
wo
DU
uns
vor aller Zeit
ersonnen und erdacht.

Maria-Christina Fernández

VII.
»Wandle vor mir und werde ganz« (Gen 17,1)

Auf der Basis der bisherigen Such-Bewegungen stellen sich vertiefte Fragen nach der Praxis und der persönlichen Gestaltung des Älterwerdens. Was verdient »abschließend« noch unsere Achtsamkeit? In welchem Sinn eröffnet das Altern noch Zukunft? Wie kann es zum Segen werden? Auf meinem eigenen Werde-Gang beeindruckte mich immer tiefer das Wort von Gott an Abraham: »Wandle vor mir und werde ganz« (Gen 17,1). Es wird auch übersetzt mit »wandle vor mir und sei ungeteilt mit mir«. Die wunderbare Weite und Tiefe dieses Bibelwortes berührt mich sehr beim Älterwerden; es verbindet Leben und Hoffnung (vgl. meinen Beitrag: Wandle vor mir und werde ganz; Warum ich mit dem alten Gott nicht gebrochen habe, in: Vreni Merz, Alter Gott für neue Kinder? Fribourg 1994, 158–173).

Damit kommen wir zu den Quellen und zur Praxis unserer Hoffnung zurück. Oder anders ausgedrückt: Wie können wir das Zeitliche segnen?

1. Das Zeitliche segnen

Diese Formulierung ist geläufig, aber auch missverständlich. Im Alltag meinen wir damit »Sterben«, das Räumliche und das Zeitliche verlassen und zurücklassen.

In einem Synonymwörterbuch (Duden Bd. 8: Die sinn- und sachverwandten Wörter, Mannheim 1997, 838 und 166) steht für »Das Zeitliche segnen«: »defekt werden« und »aus den Fugen gehen«. Das klingt verräterisch. Man verbindet damit Erlöschen, zu Staub werden, Ableben und Verwesen.

Es könnte doch in einer tieferen Deutung auch Erfüllung heißen, das Jenseits im Diesseits zu enthüllen. In diesem Sinn ist es aber zutiefst nicht das Ende eines Lebens mit Vergangenheit und verschlossener Zukunft, sondern eine Aussage über jede Gegenwart und über jedes Heute im ganzen Lebensprozess. Und Altwerden wird bereichernd, indem es uns noch tiefer sehend werden lässt.

In diesem Horizont sind die folgenden Überlegungen zu verstehen, nämlich »Das Zeitliche segnen« als Praxis und als Lebensentwurf in der Hoffnung, dass meine begrenzte Zeit in einem ewigen »Jetzt« zu sich selber heimkehrt bzw. der Mensch von seiner Mitte her zur ganzen Entfaltung aufersteht. Das »Jetzt« meint dann keine Zeitphase oder Zeitkategorie mehr, sondern eine Erfahrung, in der unser Erfahrungshorizont gleichsam ins Un-Endliche greift. Meine existentielle Zeit wird zum Kairos, zur erfüllten Zeit. Das Wort Kairos kommt beim ersten Auftreten Jesu in Galiläa vor: »Erfüllt ist die Zeit, und nahegekommen ist das Reich Gottes. Kehrt um und glaubt an das Evangelium« (Mk 1,15). – Darf man darin nicht so etwas wie einen Horizont im Diesseits erahnen, in dem zwar die Uhr mit ihren Terminen abgelaufen sein wird, wir aber ahnen, dass wir mehr sind als nur biologischer Körper oder die Summe von Zellkernen. Und wenn die ganze Evolution ein unbändiger Prozess ist, warum soll das Sterben in diesem Vorgang nicht auch als Werden und als Durchgang verstanden sein? Es stellt sich die Frage nach dem Jenseits im Diesseits, nach einem Licht, das selber keine Schatten mehr wirft, sondern erleuchtet, warum und wer wir sind. – Bei solcher Spurensuche darf man allerdings nicht aus dem Auge verlieren, dass der Weg des Glaubens für manche Zeitgenossen suspekt ist und das Produkt menschlicher Phantasie. Man spricht vom Gotteswahn wie von einer Geisteskrankheit (Richard Dawkins). Allerdings vergessen auch bekennende Atheisten, dass sie ihren »Glauben« zu begründen hätten und in größerer Beweisnot sind.

2. Gott ja nicht klein denken

Von Werner Heisenberg wird der Satz überliefert: »Der erste Trunk aus dem Becher der Naturwissenschaften macht atheistisch, aber auf dem Grund des Bechers wartet Gott.« Machen vielleicht nicht doch viele Menschen in ihrem individuellen Lebens-Lauf ähnliche Erfahrungen? Mancher Trunk aus dem Becher des Lebens lässt uns an Gott irre werden; aber in der Tiefe des Lebensprozesses erwartet uns Gott.

Um es immer wieder zu betonen: Das spezifisch Christliche meint das entscheidend Menschliche. Wenn wir von Jesus Christus glauben, dass er sich durch das Kreuz hindurch an Gott hingab und dass Gott ihm im Sterben die Treue hielt, dann bekennen wir von ihm das, was wir für alle Menschen hoffen dürfen. In diesem Sinn sind Christinnen und Christen Ostermarschierer – ein Leben lang.

Die Antwort oder Hoffnung des christlichen Glaubens, die es in die Herzen der Menschen zu streuen gilt, erfüllt sich darin, dass alle Orte des menschlichen Lebens und alle existentiellen Erfahrungen »Passagen« Gottes (Passah) werden, wo Gott nie direkt, sondern gleichsam im »Vorbeigang« aufscheint (Epiphanie). Der Geist Gottes weht, wo er will, Der Kreislauf einer selbstgemachten Zufriedenheit wird aufgebrochen; es wird Gottes Perspektive in die Baupläne unseres Lebenshauses eingezeichnet. Es wird Unruhe gestiftet, die nicht von bohrenden Fragen loskommen lässt nach sich selbst, nach dem Sinn des Lebens und nach Heil, nach Versöhnung – auch mit dem im Leben Unabgegoltenen, nach Gerechtigkeit und Liebe. Diese Räume und Zeiten sind dann nicht vom profanen Leben getrennte Sakralräume, sondern Zeichen und Orte der Hoffnung dafür, dass Mensch und Gott bzw. Diesseits und Jenseits zusammengehören. Denn die Menschen und ihre Welt sind die Wahlheimat Gottes. Und wird dann das Diesseits nicht so etwas wie der Horchposten für das Jenseits? So findet die Kirche ihre Dynamik alleine darin, im

Diesseits dieser Liebe zu dienen, die sie aber nicht selber erfüllt. Jede Überbetonung von Kirche, als wäre sie das Reich Gottes (»Jenseits«), steht in Gefahr, Gott zu klein zu denken und ihn damit letztlich zu verleumden. Aber auch die Realitäten des Alterns können Gott gleichsam verblassen lassen. Auch wir können im begrenzten Bannkreis von Raum und Zeit zu früh aufhören zu denken, zu fragen und zu suchen. Leicht geschieht es auch im Rahmen unseres eigenen Denkens, Gott zu klein zu denken.

Mit dem Ausdruck »das Zeitliche segnen« wird die praktische Be-Deutung der Lebenskunst als Wirklichkeitsverhalten von der biblischen Botschaft und schließlich vom Gott Jesu her gedeutet und vertieft. Von Gott her, wie Jesus von Nazaret von ihm Kunde gebracht hat, ist jeder Mensch in der Tiefe seines Daseins bejaht und geliebt. Und Gott bleibt treu – über die Grenzen von Raum und Zeit hinaus. Christliche Spiritualität beleuchtet und prägt alle Prozesse und Lebensvorgänge aus diesem Glauben und aus dieser Hoffnung heraus. Sie gibt nicht beim Widerstand der Realitäten im jeweiligen Jetzt mit seinen Mächten auf noch geht sie in ihnen auf, sondern sie stellt sich der Wirklichkeit und schenkt Kraft zum Langstreckenlauf der lebenslangen Menschwerdung.

Der Test aber ist in allem die Liebe. Als Grundachsen christlicher Lebensgestaltung sind schon früher die Gottes- und die Menschenliebe betont worden. Im Horizont unserer Überlegungen erfüllt sich unser Dasein insofern, als es Tat-Ort bzw. Tat-Zeit der Liebe, des Lebensmutes und der Versöhnung wird.

3. Altwerden: Lernen und Einwilligen

Im Bemühen, Altwerden als Realität und als persönliche Herausforderung zu verstehen, ist immer wieder deutlich geworden, wie prozesshaft Altern geschieht, selbst das Sterben. Die Altersforschung kennt – wie schon dargelegt – verschiedene Altersphasen mit unterschiedlichen Spannungsfeldern zwischen Fremd- und Selbstbestimmung. So sind die dritte und vierte Altersphase in ihrem Profil differenziert worden. Ich spüre zusehends selber, wie meine Lebenskurven in die vierte Phase einschwenken – und dies in Schüben. Der Körper und die Psyche führen oft zu einer Konzentration auf sich selber und zum Teil zur Dauerbeschäftigung mit sich selber, wenn Beschwerden eintreten. Loslassen und Hingabe (vgl. III,4) erhalten nochmals eigene Prägungen und Atmosphären. Das bedeutet, dass auch Altern ein Lernprozess ist, der innere Achtsamkeit und Bereitschaft erfordert und der auch am Widerstand der Realitäten erstarken kann.

In jüngster Zeit ist ein Begriff dafür Resilienz geworden. Das etwas komisch klingende Wort meint eine psychische Widerstandsfähigkeit, Krisen durch Rückgriff auf persönliche und sozial vermittelte Ressourcen zu »bewältigen«. Es geht um einen Lernprozess. Es gibt bestimmte Bereiche des Gehirns, in denen Leistungsrückgänge zu beobachten sind wie zum Beispiel das Kurzzeitgedächtnis. Aber es gibt auch die Möglichkeiten des Ausgleichs von Verlusten durch Training, durch gedankliche Auseinandersetzung und Weiterbildung. Angesichts der Verwundbarkeit durch die Realitäten des Lebens sind wir auch im Alter in Gefahr, am Widerstand der Wirklichkeit zu ermüden, uns zu erschöpfen, an Krisen zu zerbrechen oder sich in ihnen zu verlieren. Lebensfreude kann versickern oder der Verwirrung zum Opfer fallen. Trostlosigkeit kann lähmen. Die Fähigkeit zum Durchstehen in Krisen kann aufgrund erlebter Belastungen aber auch wachsen und erstarken. Resilienz bewährt sich gleichsam als Immunsystem der Seele. Es geht darum, sich den Realitäten bzw. dem Schicksal zu stellen und sie soweit wie möglich selbst in die Hand zu nehmen, d. h. das Leben von der eigenen Mitte her zu gestalten, aber auch bereit zu sein, sich helfen zu lassen.

Dabei ist man natürlich vom eigenen Lebensverlauf, den Umweltfaktoren, Familien und persönlichen Beziehungen beeinflusst. Es geht um die Fragen um Lebenssinn und religiöse Werte, aber auch um eine emotionale Balance zwischen Verzicht und Erfüllung, um Toleranz und um das persönliche Verhalten zu den Problemen und Herausforderungen. Wenn immer es um die persönliche Entfaltung und Lebensgestaltung geht, ist man selber im Test bzw. »zahlt« man mit sich selber, wie schon mehrfach betont worden ist. Ob man sich zurückzieht oder sich flieht, hängt bis zu einem gewissen Grad von einem selber ab. Lernen bewährt sich besonders, wenn man sich auf Begegnungen einlässt und Gemeinschaft pflegt, d. h. nicht allein gelassen leben muss und andere nicht alleine lässt.

Das Anliegen ist eine möglichst positive Lebendigkeit und nicht nur der leidliche Versuch, das Boot nicht kentern zu lassen. Damit verbinden sich viele Vibrationen des Gemüts zwischen Wünschen und Ängsten. Ein Problem liegt oft darin, dass Schicksalsschläge, Depressionen und Krankheiten die Lebensfreude mindern oder gar den Lebenswillen lahm legen und verdunsten lassen. Man wird ängstlich(er) und abhängiger. Geduld ist von einem selbst gefordert, aber oft auch von der näheren Umgebung, von der Familie und in der Partnerschaft. In solchen Situationen scheint es hilfreich und nötig, nicht einfach »sich gehen« zu lassen, sondern mögliche Schritte auf die Lösung der Probleme hin zu tun oder wenigstens in deren Wahrnehmung achtsam zu sein.

Oft sind es nur kleine Schritte. Aber für diese ist und wird man zu seinen eigenen Anteilen mitverantwortlich. Man kann auch üben und lernen, sich dem zu öffnen, was nicht abzuwehren ist und was auf einen zukommen mag. Damit gewinnt man ein Verhältnis zu dem, was sich zeigt und bestimmend wirkt. Natürlich gibt es auch dann vielfach Grenzen. Aber verantwortlich ist der Mensch für das Mögliche und das Machbare. Man erlebt und erfährt es oft schon an den sogenannten kleinen Dingen des Alltags. Wenn jemand trotz Atemproblemen tagtäglich seine Runden dreht und spürt, wie es helfen und erleichtern kann, dann ist dieser Erfolg auch das Ergebnis des eigenen Bemühens. Insofern hat man das Leben bis zu einem gewissen Grad in der eigenen Hand. Sonst beschuldigt man allzu behende die anderen und bejammert die bösen Verhältnisse. Anderseits gewinnt man eine innere Freiheit und Freude, die kleinen Schritte tun zu können. In diesem Sinn kann auch der Altersschub eine bereichernde Erfahrung sein und Werden bedeuten. Insofern ist Altwerden eine Altersphase und nicht zwangsläufig eine Krankheit. Sind nicht alle Lebens-Phasen in einem gewissen Sinn »Wechseljahre«?

Sich dieses Lernen auch im Alter noch zuzumuten, ist auch eine Frage an die Alterskultur, die mit anderen gepflegt und gestaltet sein will. In Pflegeheimen vermisst man zuweilen die Sorge, dass nicht nur das Nötige tariflich korrekt erledigt wird, sondern auch kulturelle Anlässe und das Miteinander bis hin zu gottesdienstlichen Feiern gepflegt werden. Es geht stets um das Anliegen, der Menschenwürde und der Menschlichkeit Raum zu geben. In diesem Horizont stellt sich dann auch die Frage, was Lebens-Erfolg und Lebens-Erfüllung bedeuten.

4. Bilanz ziehen: Lebens-Erfolg?

In offener und verschlüsselter Form beginnen wir, nach dem Ergebnis und nach der Bilanz unseres Lebensweges zu fragen. Die Fragen nach gelingendem Leben werden uns älter werdenden Menschen sehr wichtig. Wo hat man das Leben verraten, Menschlichkeit verletzt und wo und wie ist mir das Leben gelungen? Die Frage nach Erfolg ist verdrängt und brisant zugleich. Oder ist Erfolg etwas unehrenhaft Egoistisches? Macht Erfolgsstreben käuflich, eitel, bestechlich und damit opportunistisch? Ist man dann von außen, vom Rang und Status, vom Geld und der gesellschaftlichen Rolle diktiert? Sind das die Mass-Stäbe?

Sind nicht auch in der Kirche und bei den Seelsorgern und Seelsorgerinnen implizit Erfolg, Anerkennung, Gelingen, Ergebnisse und Zahlen (Gottesdienstbesucher, Spendenaufkommen …) von steuernder Motivationskraft? Erfolg ist »streberisch«. Werden dadurch nicht allzu behende quantitative Messlatten gegenüber qualitativ hochsensiblen »Geheimnissen« ins Spiel gebracht?

Nicht nur auf der Ebene des beruflichen Wirkens und der sozialen Stellung infolge der professionellen Rolle stellt sich die Frage nach Erfolg, sondern wohl am unmittelbarsten auf der persönlichen Ebene. Vielfach identifizieren wir uns auch im Alter mit der familiären Herkunft, mit Zugehörigkeiten zu Vereinen und zu Berufsgruppen, mit der sozialen Rolle, mit Titeln und mit der geschäftlichen Tüchtigkeit. Man ist dankbar für sinnvolle und kommunikative Aufgaben. Und wir wollen beliebt und geschätzt und in unserem Dasein und Sosein bejaht sein. Bleibt dieser »Erfolg« für das subjektive Empfinden aus – und Erfolg hat sehr viel mit affektiver Einstellung zu tun –, dann kann es leicht zu einem Teufelskreis kommen. Kompensationen mit der Gefahr von Lebenslügen, überempfindliches oder aggressives Reagieren, die Flucht in Märtyrer-Rollen oder in die Sucht, aber auch Mutlosigkeit, Depression und Fremdbeschuldigungen verstärken die Situation statt sie zu heilen. Erfolg ist somit ein vielschichtiges Phänomen und weist auf wesentliche Anliegen hin. Ist es eine Rolle oder Anerkennung im gesellschaftlichen Kontext oder Lebenserfüllung von der eigenen persönlichen Mitte her? Welche Menschen- und welche Gottesbilder sind dabei federführend?

Die Unterscheidung der Geister ist gefordert, damit nicht das Kind mit dem Bade ausgeschüttet wird. Nachdenklich macht allemal Martin Bubers Mahnung »Erfolg ist keiner der Namen Gottes«. Es stellt sich die Frage, ob bei allen persönlichen und familiären Aktivitäten, Arbeitsverhältnissen und Gremien oder im stillen Verweilen unser Selbst ankommen und zu sich selbst finden darf und auch religiös die Gottesfrage gewagt und ausgehalten wird.

Die Frage ist somit nicht, ob wir Erfolg und Wirkung unserer Leistungen erstreben dürfen oder nicht. Entscheidend ist, welche Anliegen und Absichten mit Erfolgsvorstellungen und Zielsetzungen uns steuern. Wie verhalten wir uns, wenn sich der Erfolg unserer berechtigten Bemühungen verzögert oder unsere Anstrengungen sich nicht im Sinne unserer Erfolgserwartungen erfüllen? Diesen Fragen begegnet man auch bei älteren Menschen, die wegen der kirchlichen Entwicklung frustriert sind. Sie vermissen Reformen und leiden an der Verzögerung unserer Naherwartungen wie zum Beispiel was die Stellung der Frau in der Kirche und Mitsprache betrifft usw. Hat sich unser Engagement gelohnt, fragen sie. Wo ist der Erfolg?

Im persönlichen wie im beruflichen Leben ist es vielfach eine biographische Selbstverständlichkeit, dass Misserfolg verkraftet und die Versöhnung mit unabgegoltenen Lebenssehnsüchten und Verlusten gesucht werden muss. Unsere Gedanken kreisen – verständlicherweise! – um Einsatz und Ergebnis, Leistung und Gewinn. Was bringt es noch? Man krampft dauernd und arbeitet doch gegen übermächtige Windmühlen. Und vom Alter her schwinden die Chancen, etwas zu retten oder zu korrigieren. Und manche Probleme empfinden wir wie ein persönliches Versagen. Die Realität ist nun mal anders als die Idealität unserer Wünsche.

Und nicht nur in der Kirche und großen Politik gibt es die »Verzögerung von Naherwartungen«, sondern offen und versteckt auch in unserem privaten Lebenslauf. Scheinbare Wirkungslosigkeit stellt eine hohe Anforderung an die Motivationskraft, an die eigene Kompetenz und Treue. Es können durchaus heilsame Erfahrungen werden, wenn in solchen Krisen die eigenen Anteile nicht ausgeblendet werden. Mancher Misserfolg muss nicht allein an der gesellschaftlichen Situation oder im beruflichen Umfeld liegen. Er kann auch darin begründet sein, was in und aus uns selbst Stress und Angst erpresst. Der Terminkalender kann belegen, dass wir Täter und Opfer in einem sind. Man verliert ein bewusst gestaltetes Verhältnis zu sich selber. Dann fällt das Wort »innere Leere«. Man wirkt ausgebrannt: »Burn out« als schleichende Verelendung?

Solche Erfahrungen bergen in sich auch Chancen, sich existentiellen Lebensfragen zu stellen. Tun wir das, was wir aus Überzeugung und aus innerem Antrieb wollen, oder das, wozu uns lediglich die äußeren Umstände und die Macht der Verhältnisse hingeführt und gezwungen haben?

5. Wem vertrauen?

Einen spirituellen Hinweis schenkt uns auch hier die biblische Botschaft. Bei Jesus ist auch bezüglich unserer Fragestellung in die Lehre zu gehen und weiterführende Inspiration zu finden. Er warf den Menschen nicht ihre menschliche Erfolglosigkeit oder moralisches Versagen vor. Er distanziert sich nicht von ihnen, weil sie seiner Botschaft nicht nachgekommen sind. Bei ihm wird jede menschlich noch so aussichtslose Verlorenheit zu einer Heils-Chance. Selbst bei jenen, die sich gegen ihn stellten, galt die Einladung in seine Nachfolge. Er ist auf die Realität der Menschen und ihrer Welt eingegangen und hat genau in den Humus des begrenzten, sündhaften, suchenden, kranken, ehrlosen und erfolgversessenen Lebens die Saat seiner Botschaft gesenkt und Hoffnung auf Heilsein eröffnet.

Wir Menschen werden mit all unserem Glück und Unglück, Gelingen und Misslingen, mit unseren Freuden und Ängsten, mit unserer Lebenslust oder auch »unglücklichen« Veranlagungen und Neurosen – wie wir eben sind und uns erleben – vom Gott Jesu geliebt und erwartet. Anders sind wir Geschöpfe auch für ihn nicht erhältlich. Es ist getrost in Erinnerung zu rufen, dass nicht nur unsere Talente, Begabungen und Interessen, sondern auch unsere Störungen und Ängste lebensgestaltend und prägend sein können. Auf der Rückseite vieler Charismen sind auch Neurosen zu vermuten ... und umgekehrt.

Aber vom Gott Jesu her sind unsere begrenzten Möglichkeiten und die echten oder scheinbaren Misserfolge auch Einfallswege für sein Wirken und sein Ankommen, wenn auch oft verhüllt. Dann aber dürfen wir die vielen guten Erfahrungen nicht nur zulassen, sondern uns darüber freuen, sie anerkennen, davon erzählen, dafür dankbar sein und auch davon zehren. Erfolg und Anerkennung gehören zum Leben wie das Brot. Und darum darf man auch bitten. Befand sich nicht Jesus selbst in dieser Spannung am schrecklichen Ende seines Lebens? Er hat seine todbringende Erfahrung am Kreuz jedoch nicht am Erfolg oder Misserfolg in der Welt der Realitäten gemessen, sondern auf Gott hin geöffnet und sich bei aller Verlassenheit auf ihn verlassen.

Für unser Verhalten, vor allem wenn wir in die Jahre kommen, mag dies bedeuten, durchaus Erfolg und Fruchtbarkeit des Wirkens und aller Mitteleinsätze zu wollen und planmäßig zu erzielen, aber nicht vom erwarteten Erfolg die Treue zum Auftrag, zu den Anliegen und zu sich selber abhängig zu machen. Nicht euphorische Hoch-Zeiten der Auf- und Durchbrüche sind Ernstfall der Treue, sondern Tiefzeiten von Krisen und Zusammenbrüchen. Und Krisen »verstehen« manchmal vom Leben mehr als wir selber.

In solcher Situation ist einander zu vermitteln, dass wir dem sinnvoll Wünschbaren verpflichtet sind und nicht trotzig und verkrampft dem Machbaren. Christsein hat mit Lebensprozessen und Menschwerdung d. h. mit der personalen Ebene zu tun. Da gelten nicht zuerst rentable Gewinn-Margen, sondern die Gesetze des Reifens und der subjektiven Freiheitsgeschichte. Diese beinhalten Zweifel und Ängste, Suchen und erdauerndes Warten mit all den Abbrüchen und Aufbrüchen bis hin zum depressiven Abgrund, aber auch Zufriedenheit, Dankbarkeit und Erfahrungen der Freude an Gott.

6. Säen – damit es blüht und Früchte trägt

In unserem subjektiven Befinden sind wir vom Erfolg abhängig. Unsere Bilanzen sollen sich sehen lassen. Wichtig bleibt aber nicht das erzielte Resultat noch die zum Teil erpresserischen Rollenzumutungen der Umwelt zum Maßstab und bestimmenden Kriterium werden zu lassen. Nicht dem unberechenbaren Erfolg, sondern dem Anliegen gegenüber kann man treu-los werden. Priorität kommt nicht dem Erfolg zu, sondern dem Anliegen; ihm wünscht man Erfolg und Wirksamkeit. Das Anliegen bleibt gültig; aber der Erfolg hat keinen Treueeid geschworen. Treue ist auf Dauer angelegt. Sie macht sozusagen unabhängig von Augenblickserfolgen und verleiht den langen Atem im Auf und Ab unseres Alltags.

Und trägt nicht manches wegweisende Wort im rechten Moment diskret seine Früchte? Erfahren Menschen nicht oft, wenn sie mit anderen zusammen angesichts einer Herausforderung durchgehalten haben und sich nicht von lauten Stimmen gegen ihr Anliegen erpressen liessen oder andere trotz aussichtsloser Lage materiell oder geistig geschützt haben, dass innere Genugtuung erwacht und eine tiefere Einsicht über Sinn und Unsinn des Lebens.

Der St. Galler Soziologe Peter Gross sieht im Alter geradezu einen Sinnspender für unsere Zeit, die in unseren Breitengraden von Stress, Depressionen und Burnout gezeichnet sei. Er meint, die Alten sollten darin »Ruhestifter« spielen auf dem Pfad in kontemplative, friedliche und nachhaltige Gesellschaften. Eine kühne, aber kluge Vision, auch gegenüber pessimistischen Alterszenarien (Urs Rauber, Schluss mit Larmoyanz und Betulichkeit, in: Neue Zürcher Zeitung am Sonntag, 25. August 2013, 3).

Zudem wird Mut für eventuelle neue und weitere Zumutungen des Lebens geschenkt. Wie dankbar kann man werden, wenn man nicht einfach den bequemeren oder billigeren Weg gegangen ist und sich nicht von zweitrangigen Interessen und Rücksichten ablenken oder kaufen ließ. Und viele säen; und die Frucht gedeiht, ohne dass sie den Erfolg kontrollieren oder messen können. Aber nur jenen, die säen, kann es blühen, dass die Saat aufgeht, reift und Früchte trägt.

Das Gleichnis vom Unkraut und Weizen (Mt 13,24–30) sei hier in Erinnerung gerufen. Aufgetragen ist zu säen, nicht die wachsende Saat dauernd nach unseren Erfolgsrezepten nach Unkraut abzusuchen und dieses auszutilgen. Wer sagt überhaupt, was Unkraut ist? Auch im familiären Leben und im Verhältnis zwischen Eltern und Kindern muss man vieles gelten und wachsen lassen, was sich nicht erzwingen lässt. Es zeigt sich mit der Zeit schon, was fruchtbar reift oder verdirbt. Es kommt an den Tag, was gedeiht oder verdorrt und was sich bewährt oder verkommt. Den Wachstumsrhythmen ist mehr zu vertrauen und zuzutrauen, als wir produzieren und machen oder voreilig in gute und schlechte Ernte einteilen wollen. Erst im genauen Hinschauen und Hinhören erweist es sich diskret, was zum Segen zu werden verspricht oder zum Fluch zu werden droht.

Das Bild von der Ähre vermag zu trösten. Wenn das Korn im dunklen Erdreich liegt und sich selber sterben bzw. verändern muss, dann weiß es nicht um seine üppige Fruchtbarkeit. Aber es hat die Kraft und die eigene Zukunft in sich, zur Ähre und zum nahrhaften Brot zu reifen und den Rhythmus seiner Fruchtbarkeit weiterzugeben.

Ausgehend von diesem Gleichnis darf man folgern, dass praktischer Christenmut und die Sorge um die Menschen bis an den Rand der Möglichkeiten der ethischen Verantwortung, der psychischen Kraft und der Vernunft gehen. Sie leben aber letztlich aus einer Hoffnung, die nicht auf Ethik, eigene Leistung und rentablen Erfolg zu verengen ist. In einem solchen Horizont ist zwar keine Sicherheit auf Ernten und üppige Bilanzen gewährleistet, aber aufgetragen ist zu säen und für die wachsende Saat Sorge zu tragen. Wir werden dabei lernen, vieles zu lassen und uns zu verlassen auf eine Liebe, die sich nicht berechnen, son-

dern schenken lassen will. Für uns Menschen ist dies ein lebens-
langer Prozess, der im Sterben seine letzte und radikale Herausforderung findet. Damit möchten wir – abschließend – unsere
stammelnden Versuche über »Älterwerden ist auch Werden«
auf einen Horizont der Hoffnung und der dankbaren Zuversicht
hin öffnen.

7. »Brich auf ... und sei ein Segen« (Gen 12,1f)

Diese Abrahamsgeschichte, wie sie uns in der Genesis berichtet
wird, ist ein Geheiss Gottes an Abraham und eine Verheißung
Gottes für alle Menschen. Abraham wird auf seinen Berufungs-
weg in die Fremde geschickt, aber in einem Horizont, der Heil
und Segen verspricht und letztlich allen Geschlechtern des Erd-
bodens gilt (Alfons Deissler, Die Grundbotschaft des Alten Testaments, Freiburg [3]1972, 62f). So gilt für uns alle: »Wandle vor
mir und werde ganz« (Gen 17,1). Damit ist allen Lebensphasen
und auch beim Älterwerden das Werden in eine unbegrenzte
Menschwerdung als Leben in Fülle eröffnet. Die widersprüchlichen Tatsachen des Daseins werden nicht aufgehoben und keine
Warumfragen abschließend beantwortet. Es wird aber Hoffnung gesät.

Meistens sind es kleine Schritte, aber sie geben Mut zu leben-
digem Menschsein. Nichts ist dann zu klein, zu unbedeutend
oder zu unauffällig und zu alltäglich. Schon ein klein wenig Geduld kann meiner Umgebung manches erleichtern helfen; eine
unterlassene Ausrede oder Lüge vermag zu klären und Ängste
abzubauen; Intoleranz ist nicht mit eigener Intoleranz heim-
zuzahlen; Konkurrenten und Konkurrentinnen im beruflichen
und sozialen Umfeld werden nicht zu Feinden; das Geltenlassen
von Kritik und Tadel befreit von erpresserischer Eigenliebe und
Eitelkeit; die Disziplin in Gebet und Meditation rettet aus der
Abhängigkeit von religiöser Erlebnissucht; Beleidigungen nicht

einfach abzureagieren, befreit zu einer Offenheit auch ohne Belohnung … Je mehr man in der Banalität des grauen Alltags solche Wege begeht, können sie zu Erfahrungen ermutigender Schritte werden und achtsam werden lassen. Es schenkt sich dann durchaus auch gelassener Humor.

Es wird zu einem Werde-Prozess, in dessen Verlauf das Frühere und das Gewordene zwar nicht zu konservieren sind, aber weiterhin werden und sich entfalten wollen. Vieles hat uns geprägt und ist von uns zu eigen gemacht worden. So kann der schon begangene Weg nicht zum Besitz werden, außer man bliebe stehen, wohl aber zum Vertrauensvorschuss und Erfahrungsschatz für den noch ausstehenden Weg.

Dass dies sich schenken mag, liegt durchaus auch in der Verantwortung und in der Hand des einzelnen Menschen. Dann wird er aus dem eigenen Gehen, Suchen und Erleiden heraus zu einem Fackelträger, der nicht nur ein brennendes und wärmendes Licht in den eigenen Händen trägt, sondern nicht anders kann und will, als das Licht weiterzugeben.

Dieser Weg muss sich nicht nur im Eintreten für eine gerechtere Wirtschaftsordnung, für die Sorge um den Kosmos, für die Überwindung ungerechter politischer Systeme und des Rassismus oder im konkreten Engagement für eine glaubwürdige Kirche bewähren, sondern schon im alltäglichen Detail des gewöhnlichen Lebens. Im Detail liegt sowieso der Charme. Wie ist es, wenn politisch engagierte Leute gegenüber unberechtigter Kritik in Schutz genommen und deren Anliegen auch beim Stammtisch ins Recht eingesetzt werden? Wie ist es, wenn andere Menschen gegenüber Verunglimpfungen oder gegen verletzenden Klatsch und Eifersuchtsdramen geistig geschützt werden? In diesen Furchen des alltäglichen Lebens sind christliche Spiritualität und Mut zu wahrer Menschlichkeit schon Ernstfall. Oder man lässt sich trotz Ausweglosigkeit in der Kommunikation nicht in ein Feindbild oder in die Rolle eines Sündenbocks hineindrängen, wenn man glaubt, Kritik verantworten zu müssen;

man schlägt nicht zurück und versucht trotzdem offen und versöhnungsbereit zu sein, ja sich liebend bereitzuhalten. Dass das Gebet und das klärende Gespräch dabei spirituelle Hilfen sein können, sei nicht nur am Rande erwähnt. Vielleicht haben sich unsere Überlegungen allzu sehr in Einzelheiten verloren. Spiritualität ist weiß Gott keine Erfolgstechnik gegen Lebensenttäuschungen, sondern das, wovon die Seele lebt und sich nährt, auch im konkreten Jetzt des Alterns. Sie kann helfen, sich auf das einzulassen, was auf einen zukommt und nicht zu ändern ist.

8. Werden ... in Hoffnung

Dabei ist zu guter Letzt nochmals daran zu erinnern, dass auch Jesus die Spannung zwischen der todbringenden Wirklichkeit und seiner Hoffnung in dieser Realität durchlebte. Sein Kreuz wurde ihm nicht abgenommen. Und als Jesus in sterbenselender Not Gottesferne erleiden musste, hat sich Gott nicht rettend und befreiend gemeldet, wie wir das erwarten möchten. Aber Jesus ließ Gott das letzte Wort sprechen und überließ sich trotz Scheitern und Kreuz dem, auf den hin er gelebt, den er geliebt und auf den er gesetzt und zu dem er in dunklen Nächten gebetet hat. Sein Sterben war in diesem Sinn ein Sich-Lassen, Hingabe, Glauben und Vertrauen. Ist das nicht auch unser Weg, der Weg unserer kleinen Auferstehungsschritte?

So hoffen wir im konkreten Jetzt, dass sich unser Leben in einem unbegrenzten Jetzt erfüllt und sich verewigt. Ist das nicht ein Horizont, der in der Gegenwart des Diesseits schon da ist und Hoffnung schenkt und Mut zum langen Atem bei der lebenslangen Menschwerdung? Üben und wagen wir nicht im jeweiligen Jetzt unseres Lebens in kleinen Schritten das, was im kommenden Jetzt des Sterbens als Ernstfall sich bewähren möchte; und dies in der Hoffnung, dass sich dieses Sterben zu einer unbegrenzten Erfüllung weitet, die wir stotternd Ewigkeit nennen. Die Zeit ist uns geschenkt, dass Zeitliche zu segnen und die Zeit uns zum Ort des Segens werden zu lassen. Denn die Grenzen in Raum und Zeit, die wir selber setzen und die uns gesetzt wurden, sind von Gott her nicht die Grenzen der Liebe. Darauf dürfen wir vertrauen.

Es gibt im Alltag des Alterns auch Prophetie und Mystik im »Kleinen«. Vielleicht meint dies das Wort »Altersweisheit«! Die Grenzen in Raum und Zeit sind von Gott her ent-grenzt und nach vorne für das Leben im Kreislauf der Liebe geöffnet. Wie dies sich schenkt und wie es geschieht, darüber sind wir nicht ins Licht gesetzt. Wir können das Ganze denkerisch nie in Griff bekommen. Entscheidend ist, wer uns ein Leben lang und im Sterben entgegenkommt: der Gott der Liebe und der Freude, den Jesus uns verkündet hat. So weist der Glaube über unser Leben hinaus, aber ebenso in die Mitte unseres Menschseins hinein.

In diesem Horizont erhält auch das Altern eine Mut machende Tiefe, sich der konkreten Weite des Lebens zu öffnen und es in Dankbarkeit und als letzte Hingabe und Antwort zu wagen: »Ich bin da«. Wir dürfen uns auf Gott verlassen, dass er nie von uns lässt. Dann wird auch der Mensch bei seinem Namen gerufen, indem er sich selber mitteilt und verspricht: Ich bin der »Ich bin da und ich werde mit euch sein«. Und ich hoffe, dass ich das auch morgen sagen kann und dass diese Hoffnung auch dann trägt, wenn wir endgültig verstummen. Wie es geschieht, das wissen wir nicht. Aber wir vertrauen auf den Weg und die Botschaft Jesu – für alle Menschen. Sie schenken Licht, Freude und Mut, auch wenn wir alt und gebrechlich werden. Deshalb berührt mein Gemüt und mein Denken so tief das Wort Jesu: »Ich bin gekommen, damit sie das Leben haben und dass sie das Leben in Fülle haben« (Joh 10,10), denn Gott ist mit uns. Und das Leben mündet in ein verstummendes Staunen der Liebe, denn es »beglückt, Gott nahe zu sein« (Ps 73,28).

AUSUFERND
Durch all die
Dunkelheit
blickloser Schatten

durch all die
sanften Wogen
bunten Glücks

bleibst immer DU.

Und ob die Gischt der Hoffnung bricht
oder die Freude unsere Herz zum Klingen bringt,

ob Liebe uns erblühen lässt
oder die große, grauenskalte
Fremde
uns entgegenstarrt,

immer schwebst über allem
DU
mein Gott,
webst uns
goldwarm
den Regen Deiner Liebe
in die Seelen.

Du hebst das Leben aus der Krippe
und darum bleibt
kein Herz
auf immer leer,
kein Auge
ewig blind.

Kein Lachen
geht in Deinem endlos weiten Raum
verloren
und keine Träne
lässt Du
ungekrönt.

Deiner Engel Güte
trägt uns vom Abgrund
fort
ins ewig junge Morgen.

Mit Deiner Leidenschaft
weckst Du die Glut
in unseren müden
Seelen-Aschen,
machst uns zu
Fackeln
Deiner Zuversicht.

Soviel
Dunkel

Herr

und darum

soviel LICHT.

Maria-Christina Fernández

Literatur zum Thema

Karl Rahner, Zum theologischen und anthropologischen Grundverständnis des Alters, in: ders., Schriften zur Theologie 15, Zürich 1983, 315–325

Liliane Juchli, Alt werden – alt sein, Basel [5]1993

Martina Blasberg-Kuhnke, Gerontologie und Praktische Theologie, Düsseldorf 1985

Konrad Baumgartner, Alte Menschen, in: Herbert Haslinger u. a. (Hrsg.), Handbuch Praktische Theologie Bd 2: Durchführungen, Mainz 2000, 61–72

Walter Fürst, Andreas Wittrahm, Ulrich Feeser-Lichterfeld, Tobias Klöden (Hrsg.), Selbst die Senioren sind nicht mehr die alten ...« Praktisch-theologische Beiträge zu einer Kultur des Alterns, Münster 2003

Paul Schladoth, Glaube im Alter, Münster [2]2005

Martina Blasberg-Kuhnke, Andreas Wittrahm (Hrsg.), Altern in Freiheit und Würde, Handbuch christlicher Altenarbeit, München 2007

Hans Jellouschek, Wenn Paare älter werden, Fribourg 2008

Maria Elisabeth Aigner, Kirche der Alten, Kirche für die Alten?, in: PthI/Pastoraltheologische Informationen Jg. 28, 2008–2, 88–103

Albert Biesinger, Die Kunst des Älterwerdens, Freiburg 2010

Monika Renz, Grenzerfahrung Gott, Freiburg 2010

Ulrich Feeser-Lichterfeld, Noch bin ich nicht alt, in: Anzeiger für die Seelsorge 5 / 2012

Frank Schirrmacher, Das Methusalem-Komplott, München 2014

Fidelis Ruppert OSB, Älter werden – weiterwachsen, Münsterschwarzach [2]2015

Peter Bromkamp, »Wenn Pastoral Alter lernt«, Studien zur Theologie und Praxis der Seelsorge Bd 96, Würzburg 2015

Verena Kast, Altern; Ostfildern 2016

Altenheimseelsorge, Diakonia 47, 4 (2016)

Zur Autorin der Gedichte

Maria-Christina Fernández, Tochter eines Spaniers und einer Schweizerin, wurde in Madrid geboren, studierte in Zürich Jura (lic. iur.) und in Basel klassischen Gesang. Sie arbeitet seit einigen Jahren in beiden Berufen selbständig. Das Schreiben – insbesondere das Verfassen von Gedichten – begleitet sie schon seit Jugendjahren und bildet das »dritte Standbein« in ihrer vielseitigen Berufstätigkeit.